親子経営

その「働き方改革」では会社を壊します

残業削減、有給休暇取得
だけでは会社は弱くなる

大石吉成 著

セルバ出版

はじめに　～時短が社長を苦しめる～

来年4月より中小企業にも昨年改正された働き方改革法の一部（残業時間の上限規定、有給休暇5日の取得）が罰則規定され適用されます。私の顧客は親子経営企業が中心です。ほとんどが中小企業に当たります。その顧客企業では残業時間の上限を超すところはなく、有給休暇の5日の全社員取得に向け整備調整しています。

今の時代、残業時間が月１００時間を超える社員が多くいる会社があるなら、それはいわゆるブラック企業といわれても仕方ありません。また有給休暇を認めない企業もしかりでしょう。世の中の中小企業の経営者が戦々恐々としているのは実はサービス残業が明るみに出ることではないでしょうか。

残業時間の上限以前の問題としてそもそも残業時間がまともに払われているのかどうかが問題になる企業が多く存在します。今回の働き方改革法の法制化により、残業代がきちんとまともに支払われるという動きが出てくると予想されます。それまで社員のサービス残業のおかげで何とか利益が出ていた会社にとってはまさに死活問題になります。

中小企業経営者は戦々恐々

今年の大型連休は実に10日間になりました。今年の夏のお盆休暇もまた多くの会社で9日間の連休になりそうです。こういった大型連休が企業に与える影響は今のところ予想外といえます。企業にとっては好材料となるところと、企業によっては連休中の売上がゼロになるといったところがあります。

日本経済全体ではどういう結果になったのかはまだ明らかにはなっていません。ただ言えるのは中小企業の経営者にとって大型連休は大きな脅威であり戦々恐々であったに違いありません。私の顧問先企業では概ね売上が落ちてしまいました。

こういう状況の中、この秋には消費税の増税が控えています。中小企業の経営者の歪む表情が目に浮かびます。そして政府がいう「働き方改革」をやらねばならないということが重なると、もう言わずもがなといったところでしょう。中小企業経営者の「やっとれんがな」という声が聞こえてきます。

時短が企業を弱体化させる

企業が残業時間の削減といった時短に取り組みますと、自ずと業務改革に取り組まざるをえなくなります。なぜなら極端な話、1日12時間でやっていた仕事を8時間でやるということになりますと仕事の中身、いわゆる業務の内容を見直さなければなりません。そして業務の内容を点検し直し新たな業務のあり方につくり変える必要があります。それはいわゆる業務改革に他なりません。どうせやらねばならない「働き方改革」なら積極的に取り組み時短のみならず業務改革に真剣に取り組んではいかがでしょう。時短だけでは企業の活力が削がれます。企業が弱体化し壊れてしまいます。政府がいう生産性向上に併せて取り組まねばなりません。生産性を向上させるには業務改革に取り組むのが一番の近道です。どの企業にとっても業務改革は常に意識し、やらねばならないことでもあります。この際、政府のいう「働き方改革」を逆手に取るのでなくまともに順手に取って取り組んでみるのがいいのではと考えます。

いよいよ後継者の出番です

親子経営の会社において後継者にやらす仕事がないという相談を受けることがあります。この「働き方改革」という名の下で業務改革を後継者にやらせてはいかがでしょうというのが私の提案です。

次世代の経営者である後継者と次世代の経営幹部とでプロジェクトチームを立ち上げて取り組んでみてはいかがでしょう。後継者にとってはいずれ取り組まねばならない業務改革を後継者の立場でできるのですから、これに勝ることはありません。経営者にとっては経営改革の基になる業務改革を後継者がやってくれれば後継者の育成にもなるのですから、一石二鳥というものです。

またプロジェクトを成功に導くことができたなら後継者にはなによりも得難い自信になります。また次世代の経営幹部たちとの信頼関係が芽生え後継者に対する社員の見る目が変わります。これまた一石三鳥はたまた一石四鳥までいくやもしれません。

本書では私が実際に顧問先で取り組んでいますコンサルティングプログラムを具体的に実践に即してご紹介しています。後継者がいない企業においては次世代の経営幹部を中心としてプロジェクトチームを組んで取り組んでもらっています。本書が中小企業の「働き方改革」に取り組む際の一助となれば嬉しく思います。

大石吉成

令和元年8月

親子経営　その「働き方改革」では会社を壊します！　目次

第2章　「働き方改革」に社長と後継者が本気で取り組む

第3章　後継者による「働き方改革」の進め方〈この手順でやればＯＫ！〉

第4章　社員の巻き込み方が成否を決める

第5章　働き方改革実践例の紹介

終章 さあ、後継者の出番です！

序章

フェアな経営をめざして

1 「働き方改革」を順手に取り真っ向から取り組む

後継者に何をしてもらう？

まず後継者の役割と責任について考えてみます。経営者の子息、息女が父親の会社を継ごうとして入社してきます。父親である経営者は子息、息女に具体的に何をさせればいいのかと大いに悩みます。

今、会社に後継者を入社させてもやらせることがない、就けるポジションがないなどと言う経営者に出会います。

会社が現在順調に経営されている場合、経営者である父親は今すぐ後継者が必要ではないので適当で当たり障りのない部署に就けようとします。

また、会社が今不調で後継者どころの話でないという場合、経営者である父親は後継者を入社させても、足手まといになるだけだと入社そのものを躊躇することがあります。よしんば入社させたとしても後継者の教育どころでなく放任状態になります。

いずれにしても、折角得難いはずの後継者が入社したにもかかわらず、後継者の活躍場所を見つけられないということが多くの会社で起こっています。では、後継者に何をさせればいいのでしょう、後継者に何ができるのでしょうか。

理解されていない「働き方改革」

昨今、政府主導で企業において働き方改革というスローガンの下、様々な動きがあります。非常に大まかで大雑把なスローガンなので各企業が現実に何を改革しているのかよくわからないところが多くあります。

聞くところによると、多くの企業でまず行っているのは残業時間の削減、あるいは残業の禁止であると言われています。結果として何が起こっているかというと、表向き残業廃止を徹底するためタイムカードを強制的に定時に押させたり、定時以降のパソコンの使用を禁止したりしているようです。

実際には業務の質と量に何の変化もないので、結果として会社に隠れて仕事をこなすしかない状況になっていると聞きます。まことに何のための働き方改革なのかわけがわからないことこの上もありません。

働き改革は業務改革

本来、働き方改革とは何を目的としているのでしょう。ただ単に労働時間を短縮することが目的ではないはずです。厚生労働省の指針には意欲・能力を存分に発揮できる環境をつくることが重要な課題であると書かれています。

そこには社員、1人ひとりが仕事により高い意欲を持つことができ、社員それぞれ能力を高め、その能力を発揮できる職場環境をつくることだと書かれています。要するに、そのような職場環境をつくるためには日々の業務の改善、改革が必要だということになります。

企業は大きくなればなるほど組織病が蔓延します。日常業務の中に多くの無駄が存在します。必要のない会議、必要のない書類、必要のない業務などたくさん散見されることになります。大きな組織になればなるほど似通った状況になります。

これら無駄な業務が社員の意欲を削ぎ社員の能力を鈍化させている主要な原因だといえます。言い換えるなら、業務を改善し業務を改革することが社員の意欲を高め社員1人ひとりの能力を高めることができるということです。

順手に取り一石三鳥を狙う

次代の経営を担う後継者にこそ、これら業務改善と業務改革を後継者の役割としてさせるべきだと考えます。後継者の下でプロジェクトチームを編成し推進させてみることも考慮すべきと思います。

もし後継者の下でこれらの業務改善、業務改革が為され、結果が出たとするなら、後継者の自信になると同時に社員の後継者への信頼が生まれることになります。そして社員の意欲が高まり、能力が惜しみなく発揮されるなら業績のさらなる成長に大いに寄与するものと考えられます。

父親である経営者にとっても決して悪い話ではありません。後継者の育成が同時に為され、社員が活性化され、業績が上向くことになるわけですから、こんないい話はありません。是非、今回の政府が進める働き方改革を逆手でなく順手に取って一石二鳥、三鳥を追ってみてはいかがかと思います。

2　後継者による「働き方改革」のすすめ

父と娘のお家騒動

大塚家具のここ一連の報道や記事を目にするたびにとても残念に思うことがあります。今からもう10年近くも前になる２００９年に初めて長女が社長に就任しました。その後父親に解任されるまでの5年間、数字だけをみると下降気味であった売上を何とか落ち着かせるところまで持ってきたと評価できるのではと思われます。

そしてようやくこれから反転攻勢に出るぞというときに父親から突然解任されお家騒動に発展してしまいました。一般客を顧客とするビジネスとしては企業のイメージが大事であり、父と娘の経営権争いが話題となるにつれ既存顧客が離れることになりました。

その後、売上の減少が止まらずピーク時の半分にまで落ち込んでしまったわけです。現状のままではさらに業績は悪化するものと思われます。ここに至った原因理由には私も含め諸子百家が多くの自説を述べています。

後継者のジレンマ

どのような企業の後継者もみな同じような事態に直面します。父親が経営する会社に入社し、しばらくすると父親が経営してきた会社に多くの問題があることに気づいてきます。そして一日も早く自分が何とかしなくてはと思い始めます。

しかし、父親が経営者である会社の中で後継者がひとり声を大きく上げたとしても誰も聞く耳を持ってくれません。父親に話しても互いに感情的になり冷静な話合いができません。そんな悶々とした時間を経て多くの後継者はいつか社長になるわけです。

そして満を持して社長となった後継者は早速に会社の改革に動き始めます。まさに大塚家具の長女さんもこのようであったと思われるわけです。父親のビジネスモデルを一挙に変えてしまおうとします。

ビジネスモデルの再構築

どの会社もビジネスモデルが経年劣化することは避けられません。上昇していた売上がいつしか停滞してしまい、その後に下降していきます。大塚家具の長女が初めに社長に就任したころは停滞期から下降期に至るときでした。

彼女が早急にビジネスモデルの変換を試みたことは経営者としては当然のことだと思います。ではなぜ上手くいかなかったのかということが問題となります。まず1つは拙速であったということ、父親を含め社員の言うことに耳をかさず独断でことに臨んだことが挙げられます。

ビジネスモデルの変換という経営の根幹にかかわる大事を為すには強いリーダーシップは欠かせませんが、独断専行では決して上手くいきません。社員のこころが離れていたなら独りよがりであると言われてもしかたありません。

また彼女のビジネスモデルそのものにも首をかしげざるを得ないところがあるように思われます。社長が大きな音で笛を吹いても、役員を始め社員の多くが踊ろうとしなかったということでしょう。

社内プロジェクトを立ち上げる

これから社長になるという後継者、もしくは社長になって間もない後継者の方に私から1つ提案があります。昨年春、ここしばらくの懸案であった「働き方改革法案」が国会で審議可決されました。これにより中小企業でも来年4月からの適用に向け準備していかなくてはなりません。そもそもこの法案の目的をみてみると、社員の意欲を高め社員それぞれの能力を引き上げるためとあります。ややもすると、時短と年休の消化だけがクローズアップされがちですが、ここは先ほどの本来の目的を大事にして、まさにこの「働き方改革」を逆手に取るのでなく順手に取って真っ向から取り組んではいかがでしょう、というのが私の提案です。

「働き方改革」という御旗のもとで、自社の業務の改善、改革に社員と共に取り組んではいかがでしょう。後継者の方が中心となってプロジェクトチームをつくり取り組んではいかがでしょう。

後継者がイノベーションを起こす

社内の業務改善、改革を進めることは業務の見直し見極めることです。そして業務の再設計をすることになるわけです。

これこそが業務の変革でありイノベーションです。それが上手くいけばビジネスモデルの変革になりビジネスモデルの再構築までいく可能性があるわけです。

それを是非、後継者の手で成し遂げてほしいというのが私の提案です。これを実行するには強いリーダーシップが必要です。それ以上に役員を始め多くの社員の協力が必要となります。だからこそ後継者にプロジェクトチームのリーダーになって「働き方改革」を進めてもらいたいと思っています。

後継者が社長になり、どうせやらねばならないことを「働き方改革」の御旗のもとで社員を巻き込みながらイノベーションを起こすことができればそんな素晴らしいことはありません。是非やって欲しいと思います。

多くの後継者が社長になった途端、それまで先代経営者がやってきたことをあれこれと批判し改めようとします。世によくあるいわゆる「お家騒動」の原因がここにあります。その「お家騒動」の芽を事前に摘むためにも是非取り組んでみてください。

3　後継者には究極の仕事がある

ビジネスモデル刷新は企業継続の必須条件

　企業にとって後継者を含む次世代を担う経営者に求めることは何なのでしょう。彼らに望むことは多くありますが、１つに絞っていうなら次の時代に企業が存続し更なる発展成長ができるよう事業の再構築をすることでしょう。

　もっというなら、今現在の企業のビジネスモデルを総点検し、業務を見直し業務の再構成を図ることです。同時に社員の意欲を高め社員それぞれの能力を引き出すことで社員を巻き込み共に新しい次代のビジネスモデルをつくりあげることです。

　どのようなビジネスモデルも必ず経年劣化を起こします。会社の事業を見直し見極め再構築することは経営者の責任です。ただ創業者である経営者は自分がつくりあげた事業を見直し再構築することはとても難しいことです。

　では社員が経営者に代わって事業の見直し見極めそして再構築をすることができるのかというと、これはさらにハードルが高い話になります。経営者がだめなら次世代を担う責任がある後継者が己の使命として臨むほかありません。己の時代のビジネスモデルは己自身が決めるのだという強い信念を持ってほしいところです。

接ぎ木の話

私は事業承継の話をする際、よく接ぎ木に例えて話します。現経営者である父親は後継者である息子に経営交代する際、自分がこれまで築きあげてきた会社と事業を息子が立派に継いでくれることを期待します。

みかんの木をたくさん育ててきた父親は一生懸命大きくてどこよりも甘いみかんを実らせてきました。それを継いだ息子は父親のみかんの木に接ぎ木をしてこれまで以上に手間をかけ一生懸命更に美味しい果実を実らせようと働きます。

そしてその努力の甲斐があって立派に大きな果実が実ることになりました。それを聞いた父親が喜んで来てみると、なんとそこには大きくみずみずしい立派な桃が実っていました。誇らしげにしている息子に父親は激怒します。

父親は息子にみかんの木を譲ったと思っているので当然息子は自分がつくった以上の大きくて甘いみかんを育てているものとばかり思っていました。ところが息子はみかんの木に桃の木を接ぎ木したわけです。

息子にすれば親父はみかんを育ててきたけれど桃のほうが上手く育てば高く売れると考えていました。たくさんの大きな美味しそうな桃の実を見て、親父が喜んでくれると息子は信じていました。まさか激怒されるなどとは夢にも思っていませんでした。もし息子が桃の木を接ぎ木することを事前に父親に伝えていたならと思わずにはいられません。

父と子の確執からお家騒動に

これと同じことが事業承継において起きているわけです。息子に経営を譲った父親は自分のつくったビジネスモデルを息子がそのまま引き継いでくれると思っていたわけです。現実にはそれまでのビジネスモデルが経年劣化を起こしていたにもかかわらずです。

経営者のみならず誰しも自分がそれまで大切にしてきたことや物を息子が勝手に取り換えたり捨てたりしたなら自分自身が否定されたような気持になり腹が立つものです。親子といえどもそういうときこそ父親に対し丁寧な対応、配慮をしなければなりません。

しかし現実には多くの企業で父と子が互いのビジネスモデルを主張し合い争います。挙句にはお家騒動にまで発展するケースがたくさん見受けられます。大塚家具や伊勢の赤福餅など数え上げればキリがありません。

父と子が互いに会社の将来のために正しいと思うことをしているにもかかわらず、争うことになるなどこんなバカなことはありません。互いに相手の気持ちに配慮しながら譲り合う心の余裕が欲しいところです。

業務改革から経営改革に繋げる

話を戻すと、後継者を含む次世代経営者が現在のビジネスモデルを見極め見直すことから始めるのは当たり前のことです。まして業績が停滞、低迷している企業であればなおさらのことになります。

今のビジネスモデルをつくりあげてきた先代が自分で自分のビジネスモデルを大きく変化させ転換させることは容易なことではありません。やはりそれは次世代の会社を担う次世代経営者がやるべき仕事だといえます。

理想を言うなら、父親が経営者であるときに後継者が責任者となって今の事業の見直し、見極めをし、事業の再構築をすることです。具体的には、まず社員の働く意欲を高めるために色々な業務改善に取り組みます。

次に社員1人ひとりの能力を目いっぱい引き出すための業務改革に着手します。そして最後にビジネスモデルの再構築を目指します。ケースによっては現状のビジネスモデルの改善が最良の場合もあれば、ビジネスモデルそのものを新しくつくり変える必要がある場合もあります。

いずれにしても、このとき大切なことは1人でも多くの社員を巻き込んで行うということです。決して上から押し付けるということでなく業務改革、業務改善を進めた結果として生まれてきた成果としてのビジネスモデル再構築であることです。

次代の会社を支える事業を創生することは次世代経営者がするべき優先事項であり、次世代経営者にしかできないことです。次世代経営者に求めることはこれ以外にないと言っても過言ではありません。次世代経営者である後継者がやるべき究極の仕事がビジネスモデル再構築であり、さらに事業の創出、創生に尽きるということです。

4 「フェアな経営」が会社を救う

朝礼は仕事時間じゃない？

先日の私の塾生とのセッションでの話です。彼の会社は建設機械の販売会社です。彼は長男で後継者になります。彼の父親が事業承継で悩んでいるとのことで私とのお付き合いが始まりました。父親の相談にのる傍らで、後継者の育成を引き受けましょうということで長男が私の経営塾の塾生になりました。もうかれこれ2年が過ぎ3年を迎えています。彼とのセッションは1か月に一回のペースで私の事務所で行っています。

彼は生真面目で誠実を絵に描いたような青年です。会社では経理、総務などを担当しています。職務もあり今回の働き方法案の成立について私と話したかったようです。彼は以前から自社の業務改善、業務改革について関心があり、実際に善かれと思われる改善、改革を実行してきたようです。

「先生、先々月から7時40分から行っていた朝礼を始業開始後の8時から行うことにしました」

「そうですか。何かあったのですか」

「社員から不平、不満があったわけではないのですが、始業時間が8時からなのに7時40分から朝礼を行うと少なくとも7時30分には出社していなければなりませんでした。時間外であるということが私にはずっと気にかかっていましたが、それを私が親父に言うといつも決まって喧嘩になっていました」

「今回、お父さんは納得されましたか」

「親父は最後まで文句を言っていましたが、今回は私が何度も粘り強く話ました。ちょうど政府が働き方改革法案を通したこともあり、いずれ見直さなければならないのだと説明をしました」

「そうでしたか、貴方のお父さんだけでなく私の亡くなった親父もそうでしたが、多くの企業の経営者は社員の働く時間については随分とルーズな捉え方をしています。こちらは月給を払っているのだからそれくらいはしてもらってもいいだろうといった身勝手な使用者的意識と言えるでしょうね」

社長の出社が異常に早い

また、朝礼があるなしにかかわらず社員の朝の出勤時間を異常に気にする経営者がときたま見受けられます。私の知るある会社では社長の出社がとても早いのです。朝の5時には出社しています。

社長の出社が早いこと自体いいことであるのは間違いありません。ただ、普段からその会社は社長の超ワンマンぶりが目立っていました。また創業者であるその社長はとても苦労をされて会社を大きく育ててきたという自負が強くあります。

それゆえに知らず知らずのうちにすべてが自分中心の会社になっていました。またワンマンな経営者の特徴として社員のだれも信じることができず、何1つとして社員に任せることができなくなっていました。

そんな超ワンマン社長が毎朝5時に出社するわけです。たまらないのは社員たちです。幹部社員たちの中には仕方なく6時に出社していたといいます。それを見かねた長男が親父を説得してなんとか出社を6時にさせたと言っていました。今は7時に幹部社員の多くが出社していると言っていました。

その会社の始業時間は8時です。その社長の言い分は、なにも私が早く出てこいと言ったことは一度もない、社員が勝手に早く出てくるようになったのだというものでした。この会社は今後働き方改革を実施していく中で相当困難な事態になるだろうと思っています。

キーワードはフェア

さて、この度の働き方改革法案が成立したことを受けて、今後大手企業のみならず中小企業においても時短、有給休暇取得の推進が図られることになります。経営者にとっては人手不足の中さらに追い打ちを掛けられる思いかもしれません。

私なりに今回の法案を繰り返しみたところ中小企業にとって工夫をすればなんとか取り入れることができると考えています。時間外労働時間の上限を遵守すること、有給休暇5日の取得はそう無理がないとみています。

それよりもこの度の働き方改革を上手く利用して企業の業務改善と業務改革に繋げることが大切だと思っています。それも逆手に取るのでなく、順手に取ってまともに社内改革に取り組めばいいと考えています。

働き方改革の本来の目的は、社員の長時間労働を是正し、社員の意欲を高め社員の能力を引き出すことにあります。その通りに順手に取って企業の業務改善、改革を進めればいいのだと思います。

その際のキーワードが「フェアな経営」です。

「フェアな経営」が会社を強くする

私がいう「フェアな経営」とは経営者が社員に対してのみならず、すべての顧客や取引先に対して「フェア」であるということです。会社は社員に対しフェアである。社員は会社に対しフェアである。会社はすべての取引先に対しフェアである。

会社は社員の働きに対しフェアな対価を支払います。社員は自分の仕事を誠心誠意務めることで会社に対しフェアな労働で応えます。会社はすべての取引先に対しよりよい商品とサービスを提供することでフェアに務めます。

言い換えるなら、会社は社員に適正な労働時間でより多くの成果を出してもらえるよう業務を見直します。すべての顧客には対価に見合う商品やサービスを提供します。また、すべての取引先と公正な取引を約束することで「フェアな経営」を実現していきます。

経営者は社員に労働時間の多さを求めるのでなく、社員の労働の質を求めてほしいと思います。限られた時間のなかで社員1人ひとりのパフォーマンスをどうすれば高められるのかを働き方改革を進める中で追究してほしいと願っています。

第1章

時短だけが先行するといろいろな弊害が起こる

1　お客が放っておかれる

経営者の覚悟

企業が「働き方改革」に取り組む際、中でも中小企業が「働き方改革」に取り組もうとするときには経営者の覚悟のほどが問われることになります。周りの多くの会社がやっているから仕方なくうちもやろうとか、詳細はわからないけど来年4月から中小企業でも違反すれば罰則、罰金が付くそうだからやらねばならないといったことで安易に「働き方改革」に取り組むと大変な事態を生じる恐れがあります。

経営者がまずしっかりとこの度の働き方改革関連法で何がどう変わるのか、会社として何をやらねばならないのかということを把握しておく必要があります。そのうえで自社が取り組むべき課題は何かということを明確にしなければなりません。

さらに大事なことはそもそも「働き方改革」とは何なのか、そしてその目的は何なのかということを経営者自らが理解していなければなりません。

「働き方改革」の本当の目的は

改めてここで「働き方改革」の目的は何かということを明確にしておきます。社員の長時間労働、過重労働をなくすため時間外労働の削減、有給休暇の取得の推進などの施策を企業に促し、社員１人ひとりの働く意欲を高め社員１人ひとりの能力を向上させることを目的としています。言い換えるならば、社員の質の向上を促すことで社員１人ひとりの生産性を上げるということになります。

ここが一番重要な点になります。企業は時短に取り組むと同時に生産性の向上に取り組まねばならないということです。生産性の向上とは言い換えれば業績の向上にほかなりません。時短という言葉が先行するあまり特に中小企業経営者にとって「働き方改革」は会社にとって迷惑千万なことと認識されがちです。しかし、実際には「働き方改革」は業績の向上を目指すための政策だともいえるわけです。

素直に順手に取って取り組む

政府の政権が代わるたびにいろいろな経済政策を出してきます。安倍政権もしかりです。一億総活躍、女性活躍そして働き方改革だと矢継ぎ早に出てまいります。そのたびに中小企業経営者はまたかという冷めた思いでみています。

しかしながら少子高齢化に伴う生産年齢人口の減少による深刻な人手不足が中小企業を否応なく苦しめています。限られた人材で経営せざるを得ない中小企業にとって人材の質の向上による生産性の維持、さらに向上は必然として目標となります。

そういう意味で私が先に述べた「働き方改革」を逆手に取るのでなくまともに真っ向から順手に

取って取り組みましょうという話がおわかりいただけたと思います。中小企業にとって「働き方改革」に取り組む意味と意義がここにあるのだと強調しておきたいと思います。

中小企業経営者が「働き方改革」に取り組む目的を明確にしておくことができれば「働き方改革」に取り組む際に企業で起こる様々な問題やトラブルを未然に防ぐことができることになります。この章では、安易な働き方改革導入の結果生じる弊害や障害についてご紹介します。

自社都合の時短策で顧客を放置

まず1つ目は、極端な時短策に走るあまり顧客をないがしろにしてしまう恐れがあるということです。これは様々な業種、業態の企業で様々なかたちで顧客への影響が生じる恐れがあるということです。

飲食業で考えられるのは、時短の徹底のあまりローテーションが上手く組めなくなることでの営業時間の短縮、さらには休日の増加などが生じます。また従業員の教育に時間がかけられず顧客へのサービスが著しく低下してしまいます。飲食業にとっては、営業時間の短縮と顧客へのサービスの低下という企業の存続を危うくする事態を生じる恐れがでてきます。

また企業の営業職において、自社都合の時短が様々なトラブルを引き起こしてしまいます。業種によっては今でも夜討ち朝駆けが営業の基本などという会社もあります。例えば職人さんを顧客とする会社の営業マンは職人が仕事にかかる前か仕事を終えた後に商談するのが当たり前だったりします。

そういう会社が自社都合で営業マンの時短を進めた結果、早朝や夕方に営業に行くことができず他社に仕事を取られてしまうなどということが考えられます。このようなことは大きな会社ほど起こる可能性が高いかもしれません。

企業の事務職においてもいろんなことが想定されます。時短を進めるあまり売上請求業務が間に合わず入金が翌月回しにされるといったことが起こります。また支払いの締めが間に合わず支払いを遅らせてしまうことが起きたりします。さらには月次の締めがいつの間にかだんだんと遅れはじめ月次決算が２か月遅れてしまうことになったりしてしまいます。

生産現場においては時短のおかげで社員のローテーションが上手く組めず、生産ラインあるいは生産工程を見直さざるをえなくなります。そのおかげで安全面においてもいろんな不安要素が出てきます。そのうえ社員の士気が下がってしまいます。結果、いろんな製品の製造が遅れはじめ納期が守れなくなってしまいます。

このようなケースが安易な「働き方改革」の導入によって起こることが考えられます。いずれも自社だけの都合によって決められた時短策が原因になります。企業にとって最も大切な顧客のことを考慮せず自社都合で決められた時短策を進めることに一生懸命になった挙句のことです。本末転倒とはこのことに他なりません。自社の「働き方改革」を推進することを金科玉条とした結果、顧客のことを考慮せず顧客に迷惑を掛けてしまうことになるわけです。

2　中間管理職が悲鳴を上げる

残業時間削減のメリットは

残業時間削減は、長時間労働を回避できるという社員のメリットと会社側の残業代削減というメリットが合致するところがあり、比較的容易に進められている企業があります。経営者からすれば残業代が減って生産性に変わりがないなら是非取り組みたいところです。

しかしながら事はそう簡単にいきません。残業時間での仕事内容は各人各様です。8時間ではどうしてもこなせない仕事量を日々抱えている社員にとって、残業時間は必要不可欠な時間となります。どうしても残業時間を削れというなら仕事量を減らすしかありません。

一方、残業時間を給与の足しにと考えている社員がいます。このような社員は本来8時間で仕事を済ませることができるのですが、当初から残業時間を入れたルーティーンで日々仕事をしています。また残業代は家計に直接的に影響を及ぼしますので、是が非でも必要となります。

中間管理職が右往左往

さて、ここで問題となるのが彼らの直接の上司である課長、部長といったいわゆる中間管理職がどう対応していくのかということです。会社の方針で一律に残業の削減が決められ各部署の目標値が決定されます。

前述のそれぞれの社員に残業時間の削減を伝えていきます。仕事量が多いと思われる社員は、それなら仕事量を減らしてほしいと言います。また一方の残業代目当てに仕事をしていた社員も、同じように仕事量が多いからどうしても仕事を時間内に終えられないと興奮して言います。そのうえ残業時間を減らすならその分の給与を保証してほしいと言います。

上司は困ってしまいます。本当に仕事量が多いと思われる社員の仕事量を減らそうとすると、誰かにその仕事を振らねばなりません。しかし会社の業績が思わしくなく、人員の削減が進められ人員に余裕がありません。また決して儲かっているとはいえない状況で、社長に残業代の補填をして欲しいとは言えません。

残業削減残酷物語

このような問題を抱えている中間管理職が多くなるのが目に見えるようです。おそらく多くの上司がどうしても誰かに仕事を振ることができないとなれば、自分がやるしかないと判断するだろうと思われます。

残業代の補填についていても、会社が大変なことがわかっていても、直属の上司に伝えないわけにはいきません。それを聞いた上司が呆れたようにその部下に「そんな話を社長にできるわけがないだろ。君の責任で処理しなさい」と言われてしまいます。

その課長は毎日引き受けた仕事をこなすのに必死になっています。気が付けば自分がそれまで以上に会社に残って仕事をしています。挙句に直属の上司から早く帰れと叱られてしまい、家に持ち帰って仕事をすることになります。

またそれ以来、部下から残業代の補填の話がどうなったのかと日々問われています。残業代がなくなって子供が塾に通えなくなったと愚痴られる始末です。上司自身が残業代をもらえなくなって妻から小遣いを減らされたことなど誰にも言えません。

こんな中間管理職の悲鳴がそこここから聞こえてくるようです。

3 社員教育に割く時間がない

社員研修などやっていられない

安易に拙速に流行のように「働き方改革」に取り組み、まずは時短からとやり始めたのはいいけれど、とにかく時間に余裕がなくなってしまったということになりがちです。上からの指示でやみくもに残業時間削減に取り組んでみたものの、気が付くと時間だけでなく、社員みんなの気持ちの余裕までなくなってしまったということになってしまいます。

そうなると、それぞれの社員が現状の仕事をこなすだけで手いっぱいになります。会社全体としてもそれぞれの部署が日々の業務をこなすだけで毎日が過ぎてしまいます。社員1人ひとりの資質の向上、業務レベルの向上といったことがなおざりにされてしまいます。

大手企業なら人事部等が社員研修を様々な目的に合わせ色々と実施運営されています。しかし中小企業では業績が好調時ならいざ知らず、今のようなデフレ時にあって売上を維持することに汲々としているときに社員の教育に割く時間などとても取れるものではありません。

「働き方改革」の本質は

前述したように、厚生労働省の「働き方改革」を進めるうえで基本方針として働く社員1人ひとりの働く意欲を高め、働く社員1人ひとりの能力を高めることで時短と併せて生産性の向上に繋げると明記されています。

しかしながら、現状を見ると、厚生労働省の思惑通りにはいっていません。それどころでなく真逆な動きが企業で起きています。働く社員の1人ひとりの意欲が減退し、働く社員1人ひとりの能力が低下しています。

なぜこのようなことが企業で起きているのでしょうか。それは「働き方改革」の本質を認識することなく、安易に経営者が進めた結果にほかなりません。

では「働き方改革」の本質は何なのでしょう。

ひと言で言うなら「働き方改革」の本質は労務改革だということです。本来は社員の長時間労働の是正が目的です。ただそれだけでは経営者に到底受け入れられず、また時短だけを無理に進めると企業が弱体化するとわかっています。よって政府としては無理やり生産性向上を併せて謳っているというのが真相です。

業務改革なくして時短はあり得ない

しかし実際に時短を始めるとわかるのですが、時短をすることで業績に影響が出ないようにしようとすると、どうしても業務の見直しをしなければならないことに気が付きます。そして今までの業務を1つひとつ洗い出し見直し業務の再構築をすることになります。いわゆる業務改革そのものをやらねばならないことに自然となるわけです。

言うなら業務改革なくして時短はあり得ないとなります。私が「働き方改革」は業務改革だという所以がここにあります。そういう意味で中小企業経営者もここは1つ開き直ってどうせやらねばならなかった業務改革を「働き方改革」の名を借りて取り組みましょうというのが私のおすすめするところです。

それが私の言う「働き方改革」を逆手に取るのでなく、どうせやらねばならないことならこの際順手に取って取り組みましょうということなのです。政府の言うことをたまには利用させてもらい自社の業務改革をやらせてもらいましょう。

自動車に車検が必要なように、人間だってたまには人間ドックで検診を受けます。それなら会社も定期的な検診が当然あってしかるべきでしょう。

4　残業したくてもできないムードになる

残業すべてが悪いわけではない

人間とはおかしなもので上から下までみんなが声をそろえて残業時間削減、時短促進などと言っていると、いつのまにかその気になってくるものです。残業はしてはいけないこと、残業をすることは悪いことといった社内のムードができてしまいます。

そして怖いことに残業をしている社員をまるで裏切り者でもあるかのように非難したりします。こうなると会社そのものがおかしな方向に進んでしまうことになります。何のために残業時間を削減するのか、その目的を明確にしていないことがこのような事態を招きます。

中小企業では、経営者が社員のすぐそばにいつもいますから、このような極端なことにはならないだろうと思います。しかし大きな会社であれば、このような事態は起きるのだろうと予測されます。

大きな組織では、組織そのものの論理で動くということが多く存在します。組織の上で決定され下された事項は絶対的な力を持って浸透していきます。そもそも、その事項がどういう目的でなされたかなどは考慮されることなく、ただ実施実行されることに組織の力が働きます。その結果、残業時間ゼロが達成され、気が付いてみると社内から社員の活気が消えていたということになります。

社員1人ひとりのパフォーマンスを高める

定時を超えて働くことが悪いことだとなると、誰も無理をしてまで余分な仕事をしようとすることがありません。自分で自分の仕事に制限をかけることが当たり前のように起こります。

決して会社が社員に働くなと言っているのではありません。決められた仕事時間の中で最大、最高、最良のパフォーマンスを発揮してほしいのです。そのことを経営者が社員に明確、明瞭に伝えていないところに問題があります。

経営者が今後自社でも「働き方改革」に取り組むというと多くの社員は歓迎することでしょう。しかし社員にこれから自社で「業務改革」に取り組むと言ったなら、決して歓迎されることはありません。

残業時間の削減、有給休暇取得の積極的推進などの時短だけは歓迎されます。それに伴う生産性向上のために必要な業務改革などはやらされるから仕方なくやることになります。社員の働く意欲を下げ社員のパフォーマンスの質を下げるような下手な「働き方改革」に決してならないようにしなければなりません。

時短の成果にもいろいろある

先日ある会社に訪問したときの話です。その会社では時短に1年前から取り組んでいるようでした。各部署での残業時間の削減状況はそれぞれに違いがありました。ある部署の部長は、私のところは2年前からほぼ全員が定時で帰れるようになりましたと嬉しそうに話していました。

時短が始まる1年前からその部署の社員全員が定時で帰れていたということに私は驚きました。後で他の部署長たちと話をしてその事情が見えてきました。本来ならその部署の仕事は社内の案件すべてにかかわるはずなのですが、他の部署の社員たちがその仕事をその部署に相談することなく、外部に依頼していることが多くなっているということがわかりました。

どうもその部署に依頼しても満足がいく提案や制作がなされないことに社員たちが嫌気をさして外部の会社に依頼しているとのことでした。結果、本来はもっと仕事量があり忙しいはずなのですが、社内からの依頼件数が減ったため無理をせずともみんなが定時に帰れているというのが実情のようでした。

そういう事情があるにもかかわらず、その部長のいかにも時短に成功しているかの如くの自慢気な話ぶりにはあきれてしまうばかりです。さらにはもう少し人員の補強があればいいのにと言ったことにはただ驚くばかりでした。

5　企業風土が荒れる

自社都合の時短が弊害を引き起こす

業務改革なく時短だけが実行されると、前記のような弊害や障害が色々と起こってきます。自社都合の時短により顧客を軽視、放置することになりかねません。それまで長年に亘り顧客との信頼関係を築いてきたことが一瞬にして壊れてしまいます。

また残業時間削減、有給休暇の強制的取得によって生じる業務の再構築が上手くなされず立場の弱いものにしわ寄せがいったり、気のいい上司が自ら仕事を肩代わりしたりすることなどが起こってきます。

さらに時短のおかげで業務の優先事項が変化し今だけをどうして乗り越えるかといった刹那主義的な判断が横行することが考えられます。それにより社内教育、社員研修などが後回しにされます。そのうえ残業削減、定時退社が徹底されると残業することができず、どうしてもやらなければならない仕事を会社外でやることになります。

一生懸命働かなくていい？

会社の大切な顧客を放置したために売上が落ち業績が悪化してきます。業務の再編が上手くいかず誰かに負担がかかることになり、社員から不平不満が噴出してきます。

また社員のスキルアップや顧客へのサービスの向上のための社員研修などが実施されないことで、大きく顧客満足度を毀損することになります。また定時退社に慣れてしまい余分な仕事は一切しない、余計なことは言わないといった風潮が蔓延することになります。

企業が時短対策にのみ必死になると業務の内容を問うことなく業務の効率化を求めます。ただただすべての業務が法定労働時間内で終わることが命題となります。そして「すべての無駄を省け」という言葉が金科玉条となります。

そうなると社員としては決して余分な仕事は受けない、しない、考えないと当然なるわけです。新たな余分な仕事を持ってくる社員には冷たい視線が向けられ面倒くさい人というレッテルが張られます。

会社の中は効率化を求めるあまり、人間関係がギクシャクとし社員の顔から笑顔が消えています。会議をしても新たな企画、提案などの意見が出ることがなく、ただ今の業務をいかに効率的に進めるかということが常に語られることになります。

企業の文化、風土が壊れる

想像してみてください。このような会社に誰が魅力を感じるでしょうか。拙速な時短が社員の権利意識だけを呼び起こしてしまい働く意欲を減退させてしまいます。法定労働時間内は働く義務があるけれど、それ以上でも以下でもないといった冷めた意識をもつ社員が増える恐れがあります。

このようなことが続くと結果、長年先人たちが苦労して築きあげてきた社員が誇れる企業風土が段々と壊れることになってしまいます。

各社の企業風土は会社設立以来経営者だけでなく、多くの社員や顧客が共につくりあげてきたものです。一朝一夕にできるものではありません。企業の歴史の積み重ねの結果であり企業文化ともいえる貴重なものです。

働くことは義務ではなく権利だというような積極的で前向きで創造的な社員たちが日々汗を流しながらつくりあげてきたのが企業風土です。

その大切な企業風土が政府の声高にいう「働き方改革」に安易に取り組もうとした結果、生産性の向上という業務改革を伴わず時短のみを先行させたことで一瞬にして荒れてしまい壊れることになってしまいます。

体育会系風土に拍車がかかる

一方で現在の企業風土が今の時代にそぐわないとか今の企業風土が好ましく思われていないという企業があります。そのような企業が安易に時短だけに取り組んでしまうと、さらに企業風土の劣化を進めることになります。

例えば、体育会系の社員が多くおり上下関係が非常に厳しい会社があるとします。この会社が時短だけを無理に進めようとしたとします。その結果、まず起こるのが時間内に仕事がこなせないことから様々な支障が生じることです。

上司から早く帰社しろといわれながら仕事を今までと同じようにこなせといわれ部下たちは混乱してしまいます。結果、隠れ仕事と隠れ残業が暗黙の了解として慣例化してしまいます。そして、タイムカードだけはきっちり定時に押されることになります。

第2章

「働き方改革」に社長と後継者が本気で取り組む

1　御社の4つを変える

4つの取り組み

さて、ここからは企業が「働き方改革」に本格的に取り組む際、何をどう変えればいいのかということについてお話します。基本的には次の4つを変えることになります。

①社員の働く意識を変える
②社員の働くルールを変える
③社員の働く仕組みを変える
④社員の働く場を変える

次に、それぞれについて述べていきます。

①社員の働く意識を変える

社員1人ひとりの業務を洗い出す

企業が独自に「働き方改革」に取り組むにあたり、まず初めにしなければならないことは全社員の前で経営者が自分の言葉で自社の「働き方改革」とは何かを明確に簡潔に話すことになります。

そして何のために「働き方改革」を自社が行うのかその目的を明示します。次にその目的を達成するために実施、実行することがこの「４つの変える」になります。その１つ目が社員の働く意識を変えるということです。

残業時間の削減、有給休暇の取得の推進などの時短に取り組むに併せて１人ひとりの社員の業務の実態を洗い出し業務の質の向上を図ることになります。無駄な業務や無意味な作業を見極め、業務の優先順位を考慮し業務の見直しをしていきます。

このように１人ひとりの社員の業務の見直しを進めることで、１人ひとりの社員の業務の質を上げていきます。そうすることで時短をしても、それまでの１人ひとりの業務がなんら差し障りなく進められることになります。

結果、時短をしても１人ひとりの社員の業務の質が上がれば、それまで以上の仕事ができると社員自身が気が付くことになります。そのことが社員の自信となり、モチベーションを上げるきっかけともなります。

社員の働く意識が変われば会社が変わる

企業が時短に取り組む目的は社員の長時間労働を是正することで社員の健康と社員の働く意欲を高めることにほかなりません。社員の中には企業が社員の長時間労働を是正することは当たり前のことだと冷ややかに考える人がいるかもしれません。

また、残業時間を会社から削減され残業代が減ることになるだけだと不満を言う社員もいることでしょう。そういった不平や不満を持つ社員やまるで無関心な社員も含め全社員に、経営者は自らの言葉で「働き方改革」の目的と意義を話してほしいと思います。

社員の働く意識を変えることは容易にできることではありません。しかし「働き方改革」を進める中で社員の意識を変えることは可能であり必要なことです。社員の働く意識が変われば、会社が大きく変わります。

②社員の働くルールを変える

タブーなしで見直す

企業にはその会社独自の慣習や習慣といったルールがあるものです。「働き方改革」に取り組むにあたり、この際それらの会社独自のルールをすべて洗い出し検証し見直すべきものは見直し止めるべきものは止めることにしましょう。

長い社歴を持つ企業には数多くの慣習やルールがあることでしょう。それらが何を目的として始められたのか今ではわからないといったことでも、これまでやってきたからやっているというものがあったりします。

そういったものを含めすべてのルールをこの際1つひとつ洗い出し検証してみてほしいと思います。やり始めると結構たくさんのルールが必要でないことがわかったりするものです。

企業によってはアンタッチャブルな領域であったり、暗黙のルールといった不文律であったりまたは決して触れてはならないタブーといわれるものまで存在することがあります。それらもこの際一切合切一度洗い出してみて検証してはいかがでしょう。

習慣化したその会議必要？

この間ある会社でのことです。その会社の後継者の息子さんと話していました。「先生、うちの会社はやたらと会議が多いです。中にはこれは必要ないと思われる会議がいくつかあります」と言われました。

その中でも役員に事業報告をするとして月1回役員と各部長とが出席する役員事業報告会というのがありました。その会には役員に詳細を報告するためということで各部署の課長のオブザーバー出席が義務づけられていました。

もう1つ月に1回部長会が主催する部課長会というのがありました。そこでは部課長が事業の報告並びに連絡調整をしていました。その会にいつからか役員がオブザーバー出席することが習慣となっていました。

その後継者が言うのに、そのどちらの会も出席者が同じで内容もあまり変わらないとのことでした。月1回どちらの会も2時間の会議でした。

「先生、私もどちらの会議も出席していますが、話す内容はどちらもあまり変わりません」

私は「この際、どうですか。一度会議のあり方も含め検討されてはいかがでしょう」と申し上げて帰りました。後日その後継者から部課長会を止め役員報告会だけにしましたと報告がありました。

これもよくある事例でしょう。会議は善かれと誰かが思い始めます。そして次から次といろんな会議がつくられます。みんな発案者は意味があって会議をつくってきました。それがいつしか会議目的が忘れられ形骸化してしまいます。

会議をつくるのは簡単ですが、止めるのには相当のエネルギーが要ることになります。「働き方改革」に取り組むにあたり、いい機会としてすべての会議を見直してみてはいかがでしょう。

③社員の働く仕組みを変える

ビジネスモデルの疲弊

これはすべての業務を洗い出し検証し見直すことを言っています。それこそ折角「働き方改革」を進めるのであれば、その機会を利用しない手はありません。1つひとつすべての業務をこの際見直してみましょう。

どのような企業でも本業となるビジネスモデルは、年を経るとともに経年劣化を起こします。ほぼどの企業のビジネスモデルもそういえるはずです。我が社のビジネスモデルに関しては心配ご無用と言われる経営者はそういないことでしょう。

企業は創業されてから事業が順調に推移していくと、どこかの時点で売上に鈍化が見え始め売上の微増微減を繰り返すいわゆる停滞期に入ります。その後売上が下がり基調になるのが多くの企業で見受けられます。

この踊り場ともいわれる時期に企業がすべきことは事業の見直し見極めです。その前にすべきことが業務の洗い出し、見極め、そして見直しです。いわゆる業務改革を行い経営改革に繋げていきます。

前述したように、既存のビジネスモデルは業務を見直すことで経年劣化を防ぎ、さらには新たなビジネスモデルに進化させていくことが考えられます。企業の業績が踊り場から右下がりを描くか再び右上がりの線を描き始めるのかが勝負の分かれ目だと思われます。

「働き方改革」を労務改革ではなく業務改革だと見切って、真っ向から真剣に取り組む企業と、時短だけを適当にやっておけばいいだろうとする企業とでは、後々大きな差が出てくると言わざるを得ません。

「働き方改革」は業務改革

日本は１９９０年代にバブルの崩壊後、現在に至るまで長期にわたりいわゆるデフレ環境を脱することができずにいます。この間ＧＤＰは５００兆円前後をうろうろとしたまま長年停滞したままです。

その間、国民の個人所得はバブル期以降減少したまま停滞しています。そのような環境下で個人消費が伸びるわけがなく、国内の景気観は政府が言うものと大きく乖離をしています。特に中小企業の不景気感は相変わらず拭い去れません。

このような環境下での「働き方改革」であることを改めて確認していただきたいところです。「働き方改革」の名の下で労務改革をしながら業務改革にしっかりと取り組む必要があることは言うまでもないところです。

社員の働く仕組みを変えることで停滞している売上を右上がりにする工夫をしていただきたいと切に思います。業務改革なくして成長なしです。

④社員の働く場を変える

働く社員が場を変える

4つの変える、最後は社員の「働く場を変える」です。これは文字通り社員が働く場所であるオフィスを色々な工夫とアイデアでリデザインしてみようということです。この事例には大手企業をはじめ多くの企業がすでに取り組んでいます。

ここで重要なことは、そのデザインが社員1人ひとりの意見やアイデアを多く取り入れたものであることです。その場で働く社員がワークショップなどを通じて、より多くの意見やアイデアを出せるよう工夫することです。

女性社員には女性ならではの感性があり、オフィスに求めることは多岐にわたったものがあります。また男性社員には男性ならではの意見があります。それら多くの意見をできるだけ多く出させることがまず大切です。

その後それら多くの意見やアイデアを取りまとめプロのデザイナーなり設計士などにラフなデザインを描かせてはいかがでしょう。自分たちのランダムな意見やアイデアをプロの手で実現可能なデザインとして描いてもらうことでより現実的な意見やアイデアを引き出すことができます。

社屋の新築、改築、事務所の移転、改装は絶好の機会

私が「働き方改革」の支援をさせていただいている1つの会社では幸運なことにたまたま社屋を新築する計画を持っていました。社長に計画を聞いてみると、これから設計に入るとのことでしたので、早速ワークショップを行い社員から意見やアイデアを出してもらいました。

現実として新社屋ができるということもあり、社員からは積極的に多岐にわたる意見やアイデアが出てきました。特に女性社員からは女性トイレの数を増やしてほしいとか女性更衣室並びに個別ロッカーが欲しいとか簡単なキッチンの設備が欲しいなどの意見が出ていました。

男性社員からは事務所スペースを広くしてほしい、プライベートスペースが欲しい、応接室を増やしてほしいなどの意見がありました。それらの意見やアイデアをとりまとめ社員の代表者と設計士とのミーティングを実施しました。

今回のこの会社のように新社屋の設計段階から社員の意見が反映されるとなると、社員1人ひとりの意識が大きく変化します。自分たちの意見やアイデアが実際に現実として設計に反映されるこ

とが社員のモチベーションを上げることに繋がります。

このことがあって初めて、会社が取り組んでいる「働き方改革」に興味を持ち、積極的に参画してくれる社員が少しずつ増えていった気がします。自分たちが自分たちの働き方を自分たちの手で変えていいのだということを初めて実感できたのかもしれません。

社員自ら創意工夫することが大事

このようなたまたま社屋を新築するといった機会に恵まれる会社はそうありません。このような経済環境下ですから、この際に改築、改装しようという会社もそうはないでしょう。そういった会社でもお金をかけずにいろんな工夫ができるのではないでしょうか。

社員が自分たちの働く場を少しでも何らかの工夫をこらして変えていくことは可能だと考えます。事務机の配置を変えてみる。間仕切りを変えてみる。事務機器等の配置を変えてみる。壁紙を変えてみる。絵や写真を飾ってみる。

等々のちょっとした変化でもいいのだと思います。大切なことは社員が自らの意思で自らの働く場を自らの手で変えていくことです。会社からのお仕着せでなく、会社からやらされて変えるのでなく、自分たちの働く場を自分たちが変えていくということが大事です。

日々自分たちが仕事をする場が本当に今のままでいいのか、それとも何かを変えたいのか、いい機会として職場のみんなが話してみてください。

2 後継者がプロジェクトリーダーになるため必要なこと

5つの役割

ここでは後継者が「働き方改革」のプロジェクトを組み、そのプロジェクトリーダーとして役割を果たす際、必要と思われる次の５つのことについて述べていきます。

①社員の声を聴く
②最後までやりとおす
③課題の優先度を決定する
④社員を主体主役に考える
⑤改革の責任者として覚悟する

①社員の声を聴く

大塚家具の場合

会社において経営者や後継者が何か大きなことをやろうとするとき、社員の協力と助力がなければ何も為すことができません。この大事なことを意外に多くの経営者と後継者が理解せず事を為そうとします。

大塚家具の例をみてもこれは明らかです。２００９年に父親から長女が社長を譲られます。社長になった長女はそれまで父親がやってきたビジネスモデルを一刀両断にしてしまいます。

父親の時代にやってきた高級家具を大型店舗で会員制として売るというビジネスモデルを高級家具だけでなくリーズナブルな家具を中型、小型店舗を増やし会員制を廃止し、誰もが入りやすい店舗で売るというビジネスモデルに変換しました。

結果はみなさんご存じのとおり長女の思惑通りにはいかず、業績は回復することなく低迷を続けたわけです。直近では中国企業と業務提携をし、資本を受け入れ業績の挽回を図ろうとしています。

後継者として長女がしたこと

大塚家具のお家騒動の原因は、これまで色んなことが言われてきました。私もこれまで自著で何度となく触れてきました。原因の主なところでは父と娘の確執、長女の拙速な父親のビジネスモデルからの変換、父親の出処進退のあいまいさ等々がありました。

ここでは大塚家具の経営者として当初、長女がなぜ業績を回復させることができなかったのか、その原因について述べることにします。多くの原因がいわれていますが、その中でも私が特にこれだという原因は彼女が社員の声を聴かなかったということです。

社長就任当初からご自分の考えるビジネスモデルに相当な自信を持って臨まれたのだと思います。それらは決して役員や社員の意見を聞いてのことではなかったのだと思います。あくまでも彼女のトップダウンでやられたことだと思われます。

その証拠に当初から社員の不平不満が多く漏れ聞こえていました。最後に父親が大塚家具から出て新たに匠大塚という会社をつくるに至って、役員を始め多くの社員が父親について出ていったことからも推測されます。

まず初めは社員の声を聴く

長女のやろうとしたビジネスモデルの是非をここで問うているのではありません。そのやり方を問うています。社長に就任して矢継ぎ早に改革をするのでなく、初めは社員1人ひとりから話を聞くことから始めるべきであったということです。

まずは社員から不平不満も含め現状の問題点をヒアリングすることから始めるべきであったと考えます。そうして問題を洗い出し課題を抽出し、1つひとつ課題を解決していくことからやるべきでした。

そしてその動きを業務改革から経営改革へと進め、さらにビジネスモデルの変更へと向かえば社員と一体となって邁進できたのにと思われます。社員を巻き込むことなく経営者の独りよがりな改革になってしまったことが最大の失敗であったと考えています。

「働き方改革」という名の下で業務改革を後継者がプロジェクトリーダーとなって行うに際し最初に必要なことは、まず社員の声を聴くということです。まずは社員1人ひとりの声を自分の耳で聴くことから始めてください。

②最後までやり通す
後継者のリーダーシップが問われる

何事もやり始めたなら最後までやり通すことの大切さは言うまでもありません。しかも今回は後継者が社内で初めてリーダーシップをとる場面ですから、最後までやりきることはとても重要なことです。

なおかつプロジェクトの目的が「働き方改革」という名の下で時短と併せて業務改革をやるというものです。これは非常に厄介ではあるけれど取り組む価値が非常に高いプロジェクトですから途中で投げ出すことは厳禁です。

そして、できればプロジェクトチームのメンバーは将来後継者が経営者となったとき経営幹部として支えてくれる社員で構成してみてください。彼らとともに今回のプロジェクトを立ち上げやり遂げることが大切です。

後に詳細を述べていきますが、プロジェクトチームによる準備が整ったら、次に各部署から委員を出してもらいプロジェクト委員会を設立します。委員会メンバーの人選は後継者を中心にチームで選出してください。その後は「働き方改革」プロジェクト委員会（名称を決めてください）が「働き方改革」を進めていくことになります。

成果は社員との信頼関係

もちろん委員会の委員長あるいは責任者は後継者が務めてください。今回のプロジェクトの目的は「働き方改革」を社内で進めることと同時に後継者が自分の手で業務改革をやり遂げることにあります。

また、プロジェクト委員会により全社員を巻き込んだ活動になりますので全社員が今回のプロジェクトの行方に注目しています。よって是が非でも最後までやり遂げ結果を出す必要があります。

上手くプロジェクトが進んで成果が出れば社員から後継者が改めて見直されることになるでしょう。そして全社員から後継者として認識してくれるきっかけともなるでしょう。それだけに決して失敗はゆるされません。

また事が成就すればプロジェクトチームのメンバーである将来の経営幹部たちからも信用を勝ち得ることができ信頼関係を築くことができます。そして何よりも後継者自身が大きなプロジェクトをやり遂げたことで、得難い大きな自信を得ることになります。よって何がなんでも最後までやり通して欲しいのです。

③課題の優先度を決定する

3か年事業計画を作成

プロジェクト委員会の活動は1年単位で運営し、できれば3年程度で一応の区切りとなるような事業計画を作成することが望ましいと考えます。例えば1年目は業務並びに組織改革の推進を目指すとします。ここでは業務の無駄をなくし、社員のやる気を高め収益を増やします。

2年目は利益を生む行動に集中するとします。ここでは社員各自の行動を変えて収益を増やし社員のやる気を高めます。具体的には各業務のスピードの向上、各業務の付加価値の向上を目指します。そして3年目は組織の動き方を最適にするとします。ここでは組織対応、人材開発、社外連携により収益の向上を図り社員のやる気を高めます。具体的には組織力を向上させ、人材開発の実践に努めていきます。

以上、私どもが実際に企業で取り組む際に企業に提案している3か年計画の1つの例になります。いずれの企業でもプログラムの目的は当然同じです。働く社員1人ひとりの働く意欲を高め、働く社員1人ひとりの能力を高めることを目的としています。

後継者がリーダーシップを発揮する

プロジェクト委員会で大まかな3年の事業計画を立てたなら、まず初年度に集中します。社員のヒアリングから抽出されたたくさんの問題から課題を設定します。そして課題の優先度を決めていきます。

まず会社全体で取り組むべき課題と各部署で取り組むべき課題とに分けていきます。次にそれぞれに優先度を決めていきます。そして初年度から取り組むべき課題を決め、委員会の下で委員により各部署で課題解決に取り組んでいきます。

ここで重要なことは月１回のプロジェクト委員会において、各部署での活動報告と次月の活動予定を確認し、各部署の活動状況をしっかり把握することです。そしてプロジェクト委員会の委員のリーダーシップが上手く機能しているかどうかをチェックしていくことです。

できれば活動当初、プロジェクト委員会委員長として、後継者はすべての部署の委員による各部署会へ出席してほしいと思います。各委員がそれぞれ各部署で活動しやすいようサポートしてやってください。そして各部署の活動が足並みそろうよう支援をしてください。

④社員を主体主役に考える

「４つの変える」を語る

プロジェクト委員会のみならず、色んな機会をつかまえて経営者と後継者はこの度の「働き方改革」プロジェクトの目的と意義を社員に語らなければなりません。社員の長時間労働を是正することで会社はどこへ向かって進もうとしているのか、しっかりと経営者が自分の声で話す必要があります。

先に述べた会社の４つを変えるという話を何度もする必要があります。もう一度言いますと、

①社員の働く意識を変える
②社員の働くルールを変える

③社員の働く仕組みを変える
④社員の働く場を変える

以上の4つを変えるという文章の主語は会社ではありません。あくまでも主語は社員になります。会社が社員の働く意識を変えるのではなく、社員が社員の働く意識を変えるというわけです。あとの3つの変えるも主語は社員でなければなりません。

社員が変える働き方

会社からのお仕着せや強制で「働き方改革」を進めようとしても表面的で表層的な変化だけを成果だとして終わらせてしまいます。どうせやらされてやっていることだからといった冷ややかな気持ちでどうして実のある改革が実現されるでしょうか。

この度の改革がもし単なる業務改革なら会社が社員にやらせているといわれても仕方のないことです。しかし今回の改革はあくまでも「働き方改革」です。社員の時短を実現しながら生産性を高めるという改革です。

社員の長時間労働を是正しながら業務改革を併せて行うことで生産性を維持、さらには生産性を向上させようという改革です。これまでの業務改善、業務改革以上に難しい活動になります。

社員1人ひとりが自分たちの働き方を自分たちで変えるという意識がなくては到底やり遂げることはできません。経営者と後継者はあくまでも社員の活動を支える存在であらねばなりません。

⑤改革の責任者として覚悟する

会社の引き継ぎは地味で難しい仕事

後継者は様々な覚悟が問われます。その中でも最も大切な覚悟は言うまでもなく、経営を引き継ぐ覚悟です。後継者だから当たり前の話だと思われるでしょう。しかしながら、経営を引き継ぐということはそう簡単なことではないのです。

私に言わせれば、会社を引き継ぐ難しさは会社を興す難しさに勝るかもしれないということです。企業経営者の創業談には面白おかしく聞けるものが多くあります。新たに１つの事業を起こしていく物語には興味深い話題が満載されています。

数々の失敗を繰り返しながら人と運に恵まれながら少しずつ成功に向かっていく話はまさに冒険談でありファンタジーのようでもあります。聴く者の心を引き付け離さないエピソードが満載です。

それに引き換え創業者から企業を引き継ぐ後継者の物語は端から聴く者の目には色が付いたフィルターがかけられ読まれるものです。上手く引き継いで当たり前、下手を打てば、やれ二代目は甘いだの辛抱がないだの挙句にはボンボンだからしょうがないと言った揶揄ばかりが聞こえます。

設計図のない建築物を引き継ぐ

しかしながら、現実に創業経営者から企業を引き継ぐ難しさというのは誰にもわからないところが多くあります。少なくとも創業者には全く想像すらできないことがたくさんあります。

例えていうなら、大きな建築物を建設中だとしましょう。創業者は設計図なしで自分の思うままにその時その時の感覚で建物をつくりあげてきました。その建設途中で後継者に引き渡されます。

建築物なら設計図があれば、その通りやれば完成に近づけていけるわけですが、設計図がないので完成像がわからず、どこをどう繋げばいいのかまったくわかりません。とりあえず今かかっている作業を進めるしかありません。

そうして時間をかけ全体像をじっくり見ながら自分なりの完成像を見つけ作業を微調整しながら進めるほかありません。とても手間と時間がかかる作業になります。こんなことならゼロから建設し始めるほうがよほど手間と時間を効率よく使えたかしれません。

まさに創業経営者の跡を継ぐということは、それまで誰も経験がしたことのない手間と時間がかかる作業でもあるわけです。それでも後継者という経験がない人たちからは、創業者が敷いたレールがあるから大人しくそのままやっていればいいだけの話だと言われます。その創業者が敷いたレールが今にも消えそうであるにも関わらず多くの人たちはそういうわけです。

後継者の腕の見せ所

昨今多くの企業が売上を伸ばせず停滞しています。中でも創業から20年、30年と経ちビジネスモデルそのものが経年劣化を起こしている企業が多くみられます。創業経営者は自分が描いたビジネスモデルですからそれ以上どうしていいのかわからず頭を抱えています。

そんなとき、経営者の子息や息女が学業を終え会社に入社してきます。そして数年が経つと後継者として周りから見られます。まだまだ自社の事業内容や社員のことがよくわからない状況で後継者として責任あるポジションに就かされます。中には早くも経営者に就かされる後継者もいます。

そもそも自社のビジネスモデルそのものが経年劣化を起こして業績が低迷しているわけですから、後継者の役割はビジネスモデルの見直し、見極め再生になります。企業の再生再建そのものが後継者の仕事になるわけです。

その際、最も重要なことは何かということです。それはまずじっくりと自社を俯瞰すること、そして会社の奥深くまで見極め知ることです。それから社員1人ひとりの声をじっくり聴くことです。そして社員の手を借り社員の助けをもらいながら、ビジネスモデルの見直し見極めそして再構築へと持っていきます。実行する場合も後継者が独りでやるのでなく、多くの社員を巻き込みながら進める体制をつくって臨みます。

経営を引き継ぐ覚悟から始まる

まさにこれと同じ対応を今回の「働き方改革」を進めるうえで後継者にしてほしいのです。「働き方改革」プロジェクトを進める中で業務改革に取り組み経営改革に繋げていきます。

さらにはビジネスモデルの改変改定あるいはビジネスモデルの再デザインまで持っていければ理

想とするところです。どうせ後継者が経営者になったときにやらねばならなかった業務改革、経営改革そしてビジネスモデルの刷新までこの機会にできればこれほど素晴らしいことはありません。

よって後継者にはこの「働き方改革」プロジェクトをどうしても最後までやり遂げてほしいのです。決して途中で投げ出したりしないで欲しいのです。後継者が経営を引き継ぐ覚悟ができているならここが正念場と思い完遂を願います。

「お家騒動」の原因を排除

いわゆる「お家騒動」の原因の中で最も多いのが、後継者が社長になって父親のビジネスモデルの改革、刷新を拙速に行ったことで父親と確執が生じたということがあります。大塚家具の「お家騒動」の原因の1つでもあります。

社長になった後継者が経営改革、経営改善を行い、経営刷新を図ろうとすることは当然のことです。中には一時も早く経営改革をしなければ企業の存続が危ぶまれるという会社がたくさんあります。

ただその場合でも長年経営者であった父親に後継者が配慮をすることが必要です。父と子というのは非常に厄介な関係です。厄介なことはそれほどの難しい関係であることを両人が自覚していないということです。そのような無用な確執を生まないためにも後継者のときに業務改革をやっておくことはこの上もなく賢明なことだといえます。

第3章

後継者による「働き方改革」の進め方〈この手順でやればOK!〉

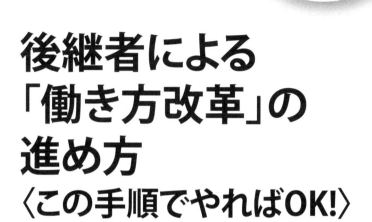

1　まず企業理念から目指す姿の確認

実践に基づいたプログラムを公開

この章では自社でこれから「働き方改革」に取り組もうとされる際、どのような手順で進めればいいのかを時系列に沿って詳細に説明しています。私どもが現場において実践しているコンサルティングプログラムの基本型を読者に初めて披露いたします。

ここでは後継者の方がリーダーとして取り組むということを前提としています。後継者がいない場合は現経営幹部の中から、プロジェクトリーダーを選び、次世代の経営幹部だと思うメンバーを集めてプロジェクトチームを組んでもらえれば結構です。

あるいはまた後継者がまだリーダーとしてやれるだけの経験を積んでいないという場合は、現経営幹部の中からプロジェクトリーダーを選び、後継者をサブリーダーに据えてもらえればと思います。

いずれにしても、このプロジェクトのリーダーを務めることで何ものにも代えがたい経験を積めることは間違いありません。次代の経営を担う責任と自覚が自ずと培われます。前述したとおり、このプロジェクトを最後までやり通すことができれば社員との信頼関係が生まれ社員から信用されることになります。それが後継者の大きな自信につながります。

〔図表１　働き方改革プログラムの進め方〕

①まず企業理念から目指す姿の確認
↓
②後継者をリーダーに次世代経営幹部とプロジェクトチームをつくる
↓
③現場でおきている問題の真因を追究する
↓
④問題発見に取り組む
↓
⑤課題解決のシナリオを描く
↓
⑥働き方改革ビジョンをまとめ社員に告知する
↓
⑦プロジェクト委員会を立ち上げる
↓
⑧部門間、部門内の業務デザインをし直す
↓
⑨全体的に現状とのずれを解消する手順を検討する
↓
⑩付加価値の高い業務へ集中する

それでは私が現在コンサルティング現場で行っているプログラムのプロセスを図表１に紹介しておきます。

「働き方改革」が目指すところ

「働き方改革」をこれから自社で取り組むにあたりまずはプロジェクトチームで「働き方改革」の目的をしっかりと話す必要があります。何のためにこの活動を全社でやろうとしているのかをチームのメンバーが共有することが大切です。

後々活動を進めていくといろいろな問題に直面していくわけですが、そのとき確固とした共通認識がなければ活動そのものがブレてしまいかねません。そのようなことが起きないためにも初めにチームのメンバーでしっかり改革の目的と意義を共有してほしいと思います。

これから自社の社員にどのような働き方をしてもらいたいか、そしてこの会社をどのような会社にしていきたいのか、この2点をしっかりと時間をかけて話し合うことから始めてください。

次世代の経営者である後継者と次世代の経営幹部であるプロジェクトチームメンバーとでじっくり考え合ってください。そこで描かれるビジョンが次世代の自社の姿に他なりません。

経営理念を見直すチャンス

さて次にしていただくことは自社の経営理念の確認です。各社に各経営理念があるわけですが、あらためて自社の経営理念を点検、検証してみてください。自社の経営理念がいつ誰のどんな想いでつくられたものか、まず調べてみてください。

そして、その経営理念が現在の経営にどのような影響を与えているのか、あるいはまったくただの美辞麗句が並べられただけのものかなどをあらためて考えて欲しいわけです。「働き方改革」を進めるにあたり、自社の経営理念とのすり合わせをしてみてください。

各社にある社訓や経営理念といったものが現在の経営にどのような影響を与えてくれているのかどうか検証してみてください。有名無実となっていないかあるいは今の経営実態と合っているのかなどをみてください。

もし今の経営理念が現状にふさわしくない、あるいはこれからの自社にとって新たな経営理念が必要だとなれば、どうぞ新しい経営理念をこしらえてみてください。「働き方改革」を進める際には変えてはいけないタブーはないのだというくらいの心構えで臨んでください。

実践ポイント

- 自社の「働き方改革」の目的と意義を明らかにする。
- 経営者と後継者が共通認識を持つ。
- 「働き方改革」は業務改革であり経営改革へつながる。
- 改革にタブーはない。
- 経営理念すら見直すという意識が重要。

2　後継者をリーダーに次世代経営幹部とプロジェクトチームをつくる

プロジェクトチームの立ち上げと役割

前述したように、「働き方改革」に取り組むにあたり、プロジェクトチームをまず立ち上げてください。後にプロジェクトチームを核として、「働き方改革」を実行していくためのプロジェクト委員会に移行していきます。プロジェクト委員会は各部署から委員を選出します。委員は各部署での改革活動のリーダーになります。

プロジェクトのリーダーは後継者がいれば後継者にやらせましょう。もし後継者が入社したところで経験が浅いと思うのであれば後継者をサブリーダーとしてください。その場合、リーダーは現経営幹部の中から、次世代の経営幹部の中心となる人物、あるいは若手幹部から抜擢するかのいずれかから選出してください。もし後継者がいない会社であれば、次世代を担う次世代経営幹部の中からプロジェクトリーダーを選出してください。

プロジェクトチームの役割はまずは自社で取り組む「働き方改革」のあり方を徹底的に話し合うことから始めます。そして自社の社員の働き方をどのようにしたいのか、今後自社をどのような会社にしたいのかを話し合います。この章でいうなら「6．働き方改革ビジョンをまとめ社員に告知する」までが役割になります。

次世代経営幹部を抜擢

プロジェクトチームのメンバーは、いうならば次世代経営幹部です。近い将来後継者が経営者となったとき、共に経営を担う経営幹部です。それを敢えて今の段階で選抜してプロジェクトチームのメンバーにしましょう。

もっと具体的にいうなら、現役員の次の層の幹部たちといったところでしょう。その層の中から後継者が社長になったときに支えてくれると思われる幹部を人選しましょう。その人選には現経営陣の意見も参考にしてください。

今の専務とか常務といった現経営幹部とは違う次代を担うであろう経営幹部を今抜擢して育てるという意味もあります。自分たちが後継者のもとで将来行うであろう経営ビジョンを今の段階でこの際につくりあげようということです。

そして、プロジェクトチームで練り上げた次世代の経営ビジョンを現職の役員会へ報告し、そこで審査してもらいます。結果、次世代の経営ビジョンを役員会において、承認されれば優先度に従ってできることから始めていくことになります。

いうならば3年後5年後の経営ビジョンを実現するために、次世代の経営幹部が現在の経営環境を変えていくということになります。将来、後継者が経営者となったとき自分たちがかつて描いた経営ビジョン実践ための準備が大部分でき上っているということにもなるわけです。

さらにいうなら、今現在の経営チームに対して将来の経営チームが次世代経営ビジョンを提案していくと言ったほうがわかりやすいかもしれません。

実践ポイント

- チームメンバー全員のモチベーションを同じにする。
- プロジェクトの目的、意義を共有する。
- 将来の経営を担う覚悟を共有する。
- 今の経営チームに次世代の経営チームが提案する。

3　現場で起きている問題の真因を追究する

問題の原因を取り違える

会社経営をしていると日々色んなことが起こります。中でもこれは問題だと思われることが次から次へと起こってきます。経営者はそれらの問題を解決すべく日々奮闘しています。

しかしながら、それらの問題の原因がわからなければ対処の仕様がありません。中にはこれが問題の原因だと言っていたことが、実はほかに問題の原因があることが後々明らかになってきたなどということがよく起こります。

そういうことが続くと、経営上問題がさらに増えることになります。また問題の解決に使った時間と費用がまったくの無駄になってしまいます。経営資源の無駄遣いとはまさにこのことです。

そういうことをなくすためにも問題の真の原因、いわゆる真因を一刻も早く見定めなければなりません。ではどうすれば問題の真因に行きつくのでしょう。それには現場においての徹底した調査と追究が必要となります。

「何が」と「何故」で問題を問う

今回は今起きている問題に対処するということでなく「働き方改革」に取り組むに際し、すべての部署からヒアリングを始めることで全社の問題を洗い出します。それこそ社員1人ひとりからヒアリングを重ねていきます。

そうすることで各部署のいろいろな問題が浮き彫りになってきます。次に各部署別にすべての問題をテーブルに上げます。それから部署ごとに問題の優先度を決めていきます。当然優先度が高い問題から対処していくわけですが、大事なことはここで問題の真因を追究し見極めるということです。

1つの方法としては問題の原因を追究する際に何が原因かと何が何がと突き詰めることですが、もう1つの方法として何故その問題が起きたのかとなぜなぜと追究することです。

思いもよらぬ原因を発見

何が原因かと何が何がと追究することで原因を突き止め問題を解決することになるケースがあれば、解決したはずなのにまた同じような問題が発生したなどということもよく聞かれます。

そういうとき問題の原因と思われたものが実は真の原因でなく他に問題の原因があったなどということがよく起こります。このようなことが起こらないよう、もう1つのなぜにこだわって問題を追究することが必要となります。

一度やっていただくとよくわかるのですが、なぜこの問題が起こったのかと次々となぜなぜと問うていきますと、思いもよらぬことが問題の真因であることがわかるということが起こります。問題の真因を見つけて初めて取り組む課題が設定されます。そして課題に取り組み解決することでようやく問題を対処できたことになります。

実践ポイント

- わかったつもりの幹部の思い込みを正す。
- 社員の不平、不満を謙虚に聴き取る。
- 社員がどうすれば行動を変えられるか考える。

4 問題発見に取り組む〈改革成功の鍵！〉

①働き方改革の活動を社員へ伝える

業務の総点検を始める

さて、ここからがいよいよ大事なところに入っていきます。自社の抱える問題をすべてこの際に洗い出すのだという想いで臨んでほしいと思います。これまで自社の業務の整理など改めて実施したことがないという会社は、特にこれから5つのプロセスを丁寧に徹底して行うことをおすすめいたします。

どのような優良企業であっても10年、20年も経てば業務のいろんなところに不具合や支障が生じているものです。日々の業務が忙しくまた業績がいい会社では業務の点検や見直しなどが後回しにされることが往々にして起こります。

しかし業績の好調さや業務の繁忙を理由に放置された些末と思われる問題が、いつの間にか大きな問題を引き起こす要因となることがあります。そうならないためにも、この機会に業務の総点検をしてみましょう。

経営者の本気を伝える

全社員にはこの段階で自社がこれから「働き方改革」に本気で取り組むということを伝える場をつくってください。日常の朝礼の場とかいうのでなく、できればこのためだけに伝える時間と場をこしらえてください。

全社員に伝えるのは当然経営者の役割です。経営者が自分の言葉で社員に「働き方改革」に取り組む目的と意義をわかりやすく伝えてください。そして後継者をリーダーとするプロジェクトチームを立ち上げたことを話してください。

その後後継者がプロジェクトチームのリーダーとして、社員にこれからの取り組みについて具体的に話されるのがいいでしょう。もし私が経営者なら社員を前に次にように話します。ご参考までにどうぞ。

「社員のみなさん。この度我が社は『働き方改革』に積極的に本気で取り組むことにしました。まず何のために『働き方改革』に取り組むのかその目的をお話します。

まずみなさん方の働く時間の削減に取り組みます。残業時間の削減と年次有給休暇5日の全社員取得といった時短に取り組みます。そのうえでみなさんの働く意欲を高め、さらにみなさんの働くスキルや能力を高めていただきます。

そうして時短を進めながら生産性の向上を実現していきます。言い換えるなら、みなさんの長時間労働を是正しながら、業績を上げるという離れ業を実現するということになります。

これは言葉で言うほど簡単なことではありません。しかしこの決して簡単でない離れ業をやり遂げなければ我が社の未来はないという覚悟で臨むつもりです。

では我が社の『働き方改革』は具体的に何をするのかお話します。まず1つ目はみなさんの働く意識を変えていただきます。2つ目はみなさんの働くルールを変えるということです。3つ目はみなさんの働くしくみを変えるということです。そして最後4つ目はみなさんの働く場を変えるということです。

以上『4つの変える』を実行していくことで我が社の質が変わり我が社の未来が変わります。

今後我が社の『働き方改革』は後継者をリーダーにプロジェクトチームを組みみなさん方の協力を得ながら進めてまいります。みなさん方のご協力ご支援を心よりお願いいたします」。

大切なことは社長が自らの言葉で話すことです。

実践ポイント

- 経営者が自分の言葉で社員に想いを伝える。
- 改革の目的と意義を明確にする。
- 改めて伝える場を設けることが重要。

②業務棚卸のためヒアリングを実施

全社員のヒアリングを実施する

社員のそれぞれの業務をあらためて一度点検、検証してみようということです。日々の自分がやっている業務についてヒアリングを受け一度じっくり考えてみようということです。自分がやっている業務は、そもそもどのような業務で何を目的とした業務なのか、もっと他のやり方はないのかそもそも必要なのかなど考えてみましょう。

このヒアリングは後継者を中心にプロジェクトチームメンバーで手分けしてやりましょう。専務、常務といった現経営陣には話しづらいことがあるかもしれません。ここではできる限り多くのことを聞き出せる方がヒアリングすることが望ましいと思います。

社員数がそう多くなければ、後継者がみんなからヒアリングできれば一番いいと考えています。社員１人ひとりとじっくり話す機会などそうはありません。後継者にとっても、自社の現状を知るのにいい機会となります。

社員数が多ければ、チームのメンバーとで分担してください。プロジェクトチームのメンバーにとっても、このヒアリングはとても意義のある経験となるはずです。将来後継者を支え、共に次代の経営を担うことになるわけですから、自社の現状を知ることは重要なことです。

業務の実態をつかむ

このヒアリングでは社員から初めはたくさん悩みや愚痴を聞かされることだろうと思います。まずはすべて言いたいことを吐き出してもらいましょう。そこからそれぞれの仕事の内容や仕方について聞いていきましょう。

色々と聞いていると、段々とそれぞれの業務の実態が見えてきます。それから彼らの仕事の内容、仕事の仕方についてどのように考え日々行動しているのかを聞いていきましょう。

そして自分が普段している業務をなぜこのようなやり方をしているのか、何か他にもっと早く上手くやれる方法はないのかといった話ができればしてみてください。社員が自分の仕事を自分で改めて理解し整理ができるきっかけづくりになるよう話してみましょう。

このヒアリングが改革の成否を分ける

ヒアリングの結果、たくさんの問題点があることに驚くことになります。些細な問題からこれはとても放っておけない重要な問題までいろいろと出てきます。まずはランダムに洗い出してみてください。

この段階で重要なことはできるだけ多くの問題を抽出することです。それまで色んな問題があったにもかかわらず、会社は放置してきたわけです。よって慌てて動くことはありません。ここは予定通りじっくりと構えてできるだけ問題を洗い出しましょう。

後継者と次代を担うチームのメンバーが自社の現状、実態を知るいい機会になります。またヒアリングを受ける社員にとっても、自分の仕事について人に語れるいい機会となります。社員が自分の仕事を整理し成長できる機会にしましょう。

私の塾生の場合

私の経営塾の塾生である後継者に本書で紹介しているプログラムに沿ってそれぞれ自社で実施することをすすめています。その中のある塾生の話です。彼は大学を卒業して取引先大手のメーカーで２年就業後、父親が経営する会社に本年春入社しました。

父親が経営する会社は父親がつくりあげたビジネスモデルが、まさに経年劣化を生じ売上利益ともに毎年右下がりを続けていました。父親自身これからどうすればいいのかわからず苦悩している様子でした。

そんな状況下で私の塾生が入社しました。会社が業績を落とし昨年来様々なリストラ策が取られ、会社の雰囲気がとても重く暗いのだといいます。後継者が入社したことなど社員にとってはなんら関心事ではないようです。

父親と幹部たちは業績悪化に対し、いかにして歯止めをかけるかに必死になっており、後継者の育成指導など考える余裕がありません。よって後継者は会社に入社したものの誰からも何の指示もなく何をしていいのかわからず途方に暮れていました。

そんな彼から相談がきました。私は彼に色々とアドバイスをしましたが、その1つにいい機会だから全社員からヒアリングすることをすすめました。自社の現状を知り社員の想いと社員の人柄を知るいい機会にしてくれればと考えていました。

その後、彼は早速に全社員ヒアリングを社長である父親とともに実施したようです。父親は息子に言われいやいや息子の横に座っていたようです。父親としてはリストラを進めている最中であり社員と直接話すことにためらいがありました。

自社の現状を知るにはヒアリングが有効

社員からは色んな話が出たようです。会社への不平不満から始まり、上司の不出来、給料や待遇への不満などそれこそたくさん出たようです。父親はそれ見たことかといった様子だったと言います。

社員の話など聞いたところでどうせろくなことはない、不平不満をたくさん聞かされ不快に思うだけ時間が無駄だったと後継者に言われたようです。後継者自身も初めは会社への不平不満ばかり聞かされるので面白くなかったと言います。

しかし、社員の話を聞いていく間に、段々と色んなことが見えてくるようになったと言います。社員はなぜこのような不平不満を言っているのか、会社に何を求めているのか、彼らがやっている仕事に何か問題があるのかなど色んな疑問が出てきたといいます。

その後、全社員のヒアリングのまとめを持って、彼が私の事務所に来ました。社員１人ひとりとの面談記録と後継者が問題だと思うところを各部署別にまとめたものを持参していました。

そこにはたくさんの問題だと社員が思っていることが羅列されていました。まさに彼の会社が現状に至った理由が一目瞭然としていました。私と彼とで各部署で今すぐにでも手を付けなければならない問題を仕分けしました。

彼は今回の全社員ヒアリングを実施して本当によかったと言っていました。父親の会社に入ってからずっともやもやとした思いを持っていたのが少しこれですっきりしたと言います。自社の今置かれている状況を時系列で客観的に見られるようになったといいます。後継者として、これから自社で何をすべきかが見えたとも言っていました。

改革の一番地

少し長くなりましたが、後継者が実際に自分の手でヒアリングをした例を紹介しました。実はヒアリングは聞く者のスキルがとても重要です。同じ社員から聞き手が変われば、また違った話が出てきます。

この度のプログラムの中でもこのヒアリングは一番重要なところです。ヒアリングによって改革の結果が大きく違ってきます。ヒアリングによって、どれだけたくさんの問題点が洗い出されるかが改革の成否を別けます。

さらにもう1つ重要なことはたくさん網羅された問題をどう扱うのかということです。問題をどのように分類しどのように分析するかということです。ここが一番重要なところです。分類の仕方、分析の深度によって問題の重要度が変わります。言い方を変えれば、問題の優先度をどう判断するかということでもあります。

本書は、ご自分でできる「働き方改革」プログラムを紹介していますが、このヒアリングのところはもし経費に余裕があるのなら外部のプロ、コンサルタント等を使われることも検討してみてください。

実践ポイント

- 後継者がやれればベスト、ただし情報はメンバーと共有する。
- 社員が話しやすい場をつくる。
- ヒアリングの成果がプロジェクトの成否を決める。
- ヒアリングだけを外部のプロを利用することも検討する。

③管理職の「現状への思い」を聴くヒアリングを実施

管理職の本音を聞き出す

次に課長、部長といったいわゆる中間管理職にヒアリングをしましょう。これはできれば後継者自らが行うことが望ましいです。課長、部長といった役職の業務の棚卸をするためのヒアリングをまずします。

そのうえで課長、部長といった幾人かの部下を持つ中間管理職として特にマネジメントについての彼らの意見と思いをヒアリングしてください。彼らには中間管理職ならではの悩みや意見が多くあるはずです。

それぞれに部下をどのようにマネジメントしているのか、どのような思いでマネジメントしているのかを問うていきます。ここで大切なことは可能なかぎり、彼らの本音を聞き出すことです。

それにより聴く側は彼らの管理者としての能力と技量を知ることになります。また彼らが管理職として、どのような意識を持って日々仕事をしているのか、またどのような問題意識を持って日々部下と接しているのかを知ります。

それを後継者が1人ひとりの管理職から聴くことで、彼らの仕事ぶりそして人柄を知ります。彼らが管理職として自分をどのように評価しているか、また自分の部下をどのように評価しどのように支援をしているのかなどを知ることになります。

またこのヒアリングを通じて、彼ら課長、部長が自分自身を振り返る時間にして、やることも大切なことになります。彼らが自分の管理者としての能力や技量をどう評価し、本当はどのようにありたいのか、どのようにしたいのかを確認することも重要なことになります。

人の上に立ち方はいろいろある

管理職には色んなタイプの人がいます。また色んな管理の仕方があります。こういう管理の仕方がよくこういうタイプの管理職が望ましいとは一概に言えません。それこそ千差万別です。

人の上に立つということは、部下の多寡にかかわらず難しいことです。わずかな部下でもたくさんの部下でも会社から求められることは同じでしょう。もちろん会社ですから結果を求められるのは当然のことです。

人の上に立つ立ち方も人それぞれです。自分の部下に背を向け、自分より上のほうだけを向いて立っている人をよく見かけます。部下には強く厳しい態度と評価で臨みますが、自分より上に対してはひたすら恭順します。

それに対し、自分より上の人には強い態度で自分の意見や意思を押し通そうとするけれど、自分の部下にはやさしく親切で何かと面倒をみるという人も見かけます。いずれのタイプが会社にとっていいのかこれもまた会社によって評価が違うかもしれません。

大きな組織を持つ企業では、先のような人物が密かに出世街道を走ることになるのかもしれません。後のような人は上からの評価が低く上からの引きも弱いので出世など到底見込めないのかもしれません。

今回のように後継者がヒアリングするときはそういった人物評価、管理職評価といったことも意識しながらできるのではと思います。自社にとって望ましい管理職とは管理の仕方とはといったことを考えながらヒアリングをして欲しいと願います。

実践ポイント

- 後継者自身がヒアリングする。
- 管理職としての問題意識を確認する。
- 管理職としてのマネジメントを確認する。
- 管理職の役割と責任を確認する。

④問題の深堀のためヒアリングをする

これは放っておけない

さて全社員から業務棚卸のためのヒアリングを終え、課長、部長等の管理職から彼らのマネジメントに対するヒアリングを終えるとたくさんの問題点が洗い出されたことでしょう。ここではそれらの問題の中から重要度が高い、緊急度が高いと思われる問題を抽出します。

これは放っておくとまずいことになるとか、こんなことが行われているとは思ってもいなかったとかといった放置することができない問題が少なからず出てくることでしょう。そういった問題を挙げていきます。

そうやって選び出された問題を1つひとつ再度追究するためにヒアリングを行います。ヒアリングの対象はその問題に関わっている担当者すべてになります。当然管理職も含まれます。

やり方は1人ひとりからヒアリングすることが基本ですが、担当社員を業務別に行っても結構です。担当する人数が少ないようであれば、関わりがある全員まとめてヒアリングすることもあります。

今回のヒアリングの目的は問題の真因を突き止めることです。現場で実際に携わっている社員から本当の実情、事情といったことをヒアリングすることで問題の真相を明らかにすることになります。そしてその問題の真因を明らかにします。

現場の問題の原因が現場にないことがある

さて改めて問題の真因を追究するため各担当社員からヒアリングをするわけですが、その際気を付けてほしいことがあります。それはその問題の責任を追及しようとしているのではないということを担当社員にまず伝えてほしいのです。

自分たちがヒアリングの際、要らぬことをぺらぺらと話したおかげで問題が発覚しその責任を自分たちが負わされることになるのではなどとつまらぬ心配や憶測を生まないよう気を付けてやってください。

ここで大事なことは誰の責任などと犯人探しをする暇などないのだとわからせてください。そんなことより一刻も早く問題の原因を突き止め改善、改革をすることが必要なことだと社員みんなに知らせてください。

現場で起きている問題の真相は現場だけで解決できることではないのかもしれません。現場だけでこれまで解決しようとして失敗してきたのかもしれません。その辺の事情を見極め本当の真相を突き止めてください。

プロ野球の成績不振の原因が実は現場でなくフロントにあるなどという話があります。あれと同じようなことが企業の現場でも起きていることがあります。マネジメントのあり方こそが原因だといったようなことがあるかもしれません。

実践ポイント

- プロジェクトチームで問題の整理をする。
- プロジェクトチームで問題の重要度、緊急度を話し合う。
- 後継者を中心に問題ごとのヒアリングをする。
- 現場の真相を掴む。
- 問題の真因を追究するためのヒアリングであることを忘れない。
- 問題の責任を追及するのではない。

⑤改革遂行の障害を明らかにする

障害を見極める

これは放っておけない緊急度、重要度が高い問題の抽出が終わり、それぞれの問題の真因を探るための再度のヒアリングを済ませてきました。次に取り組むことはその問題を解決するため改革活動を遂行するにあたって障害となることを明らかにすることです。

問題と思われるある業務を改革するとします。その業務は長年にわたり問題がないものとして行われてきました。ところが今回のヒアリング調査によりその業務に問題があることがわかりました。そしてその問題を解決するため改革を実行しようとするとどうしても変えなければ、あるいは改めなければ、さらには止めてしまわなければならないこと、つまり障害となることやモノが明らかになってきます。

要するにこの問題を解決するにあたって、これらの障害を取り除かなければ活動が始まらない、改革遂行に支障が出るということになります。この次の段階で問題解決のシナリオを描くのですが、これらの障害を明らかにし、それらの障害をどのように取り除くのかということを考えておきましょうということです。

考えられる障害としては、そもそもその業務に厳格なルールがない、もともとの基準がない、業務のやり方が不徹底、現場においてその場かぎりの決定が多いなどが障害だと考えられます。

問題にはたくさんの障害がある

ある会社での話です。業績はかつての勢いがなく売上、利益ともここ数年停滞していました。後継者は会社に入社して2年が経ったところです。その後継者から相談がありました。

彼が入社してからずっとおかしいと思っていることがあったと言います。その中でも本社の物流倉庫に商品がいつも山のように積まれていることが気になっているということでした。

彼が調べてみると、ほとんどが在庫のようでした。当然、毎日のように出荷がなされているのですが、倉庫に積まれた商品が減る様子がないのがおかしいと感じたようでした。詳しく調べてみると、ほとんどが不良在庫化していました。

在庫金額の多さは半端ではありませんでした。そこで彼は在庫を多く発生させている部署長に話を聞くことにしました。結果、色々と在庫となる理由がわかってきました。

例えば、次のような理由でした。

- 取引先の条件で余裕を持って在庫を持つことが決められている
- 発注の際ルールがあるようでない
- 上司が発注許可を安易に出す
- 担当者が不良在庫と思っていない
- 在庫があるにもかかわらず同じ商品を発注する
- 他の人、他の部署が売ってくれると思っている

・大きな在庫をこしらえても誰にも注意されない
・そもそも在庫も利益だと思っている

などなどたくさんの言い訳ともつかぬ理由が並べ立てられました。後継者はいよいよ危機感が募ったと言っていました。このような問題は他の多くの会社でも起こりうる話です。

そもそも本来は管理者の責任が追及されるところです。企業の存続が脅かされるほどの不良在庫を抱えるなどということは決して許されることではありません。それを問題視せず、ここまで放っておいた管理者の資質が疑われます。さらに言うなら経営者自身の管理責任だといわれても仕方ありません。

上記の在庫になった理由というのが、これから適正在庫にしようとする際、すべてが障害になるわけです。それら障害の１つひとつに対しどのような対処をするのかを考え対処法を決定していくことがまず必要となります。

実践ポイント

- 習慣、慣習にとらわれない。
- 改革にタブーはない。
- 1人ひとりの業務を徹底して洗い出す。
- 必ず解決するという強い思いで臨む。

5　課題解決のシナリオを描く

①問題解決の方法を考え抜く

ここはまさに正念場

さてたくさんの時間をかけヒアリングを行い自社が抱える多くの問題が抽出されました。また問題の優先度も明らかになり、これからそれぞれの優先度の高い問題の解決方法を探っていきます。その結果、それぞれの問題解決のための課題が設定されていくことになります。

ここで重要なことは問題の解決策が対処療法であってはならないということです。対処療法では根本的に問題を解決することにはならず、時間が経てばまた同じような問題が発生することになるからです。

ここは時間をかけじっくりと問題解決の方法を考え抜くことが求められます。問題の本質を探ること、問題の真相を明らかにし問題の真因を探ることになります。ここが今回のプロジェクトの成否を別ける分岐点です。問題を解決するための変えるべき対象が明らかになり、何をどう変えるかを明確にしなければなりません。

ここでは自由な発想、大局的観点からの発想などが求められます。

ミドルアップダウン

後継者をリーダーとしたプロジェクトチームが問題解決の方法を考え抜くことになります。問題解決をするためには詳細な知識と豊富な経験が必要かもしれません。しかし、それだけではこれまでの解決策と同じになるかもしれません。全社を俯瞰することができる、自社を客観的視点からみることができる、そのような見方が必要となります。

現状の社員でこの業務をこの時間内で最大の結果を出すにはどうすればいいのかというだけでなく、自社に財務的余裕がもしあるなら社員を増員することでどう最大の結果を出すことができるのかを考えることも必要です。そういった柔軟な発想が期待されます。

多くの会社で重要な施策は、トップが考えトップダウンで指示がなされています。中には経営トップが社員から意見や施策を出せというボトムアップを要求する会社があります。

今回の私が提案するプログラムでは、後継者を中心とした次世代の経営幹部いわゆるミドル層に施策を考えてほしいというものです。言い換えるなら、ミドルアップダウンです。

実践ポイント

- これまでの慣習、習慣に捉われない。
- 俯瞰的発想、自由な発想を大事にする。
- 問題の本質を捉える。
- 何を変えるか明確にする。

②業務の目的を果たすアウトプットとは

業務をただ遂行するだけのアウトプット

1つひとつの業務にはそれぞれ本来の目的があります。それら業務は長年行われる間にいろんな変化が加えられ今の業務状況、業務形態になっています。それら業務を本来の目的にあわせ現状が本来の目的を果たせているのか確認する必要があります。

日々当たり前のこととして行われている業務が何のために行われているのか、改めて考えてみるとわからないということがあります。その業務の目的が不明確になったということになります。

本来この業務の目的は何だったのかと問い直さなければなりません。日々ただただ業務を滞りなく遂行することだけが重要事になってしまっています。諸先輩が長年やってきたとおりのことを何も考えずやっているということになります。

いうならば、今まで通りにすることがアウトプットの目的となり、アウトプットの本来の意味と意義を忘れてしまっているとも言えるわけです。ただただ淡々と業務を遂行するだけのアウトプットになっています。

今まで通り、現状通りは危険

例えば、ある会社で配送業務がありました。本来自社商品を客先に配送するだけでしたが、あるときから配送だけではもったいないからと商品の注文を聞くようになり集金までするようになりました。

初めの間は上手く機能していたようですが、業績が伸びるにつれ顧客数が増え商品群が増えていきました。そうすると色々と支障が出始めました。顧客からは納期を時間指定され決まったルートで回れなくなりました。その結果、効率が悪いルート設計を強いられ日々残業時間が増えることになりました。

また、顧客への納品が優先されることになり顧客への営業活動が思うようにできず気が付いてみると売上が減ることになっていました。この問題にどう対処すればいいのかとの相談がありました。

私からのアドバイスは配送業務本来の目的に見合ったアウトプットにしましょうということでした。この会社では、配送を伴うルートセールスが長年行われそれが当たり前の業務でした。

それを配送は配送業務に営業は営業業務に特化し別けるということを提案しました。社員数を増やさず、営業と配送に分けることが可能かどうかを試してもらいました。結果は配送だけになると、自社の都合でルートを効率よく組めることになり実行可能だとなりました。

また営業は営業だけに特化することで、顧客との接する時間が多くなり新たなビジネスチャンスが発生する可能性があるのではと期待されています。

この会社では当初から営業職を置いておらず、注文が入り配送していたのが業容拡大したことで、種々不都合が生じたということが真相のようでした。

実践ポイント

- 業務の本来の目的を考える。
- 目的を果たすアウトプットであるか考える。
- 自社の視点と顧客の視点を考える。

③すべての業務を見直す

車検のように業務の点検をする

すべての自動車は数年ごとに車検を行います。会社も本来何年かごとに業務の点検があればいいのかもしれません。そうすれば大きな問題が起こる前にいくつかは防げるのかもしれません。

今回の「働き方改革」をいい機会としてください。自社にとって創業来初めての業務点検だといわれる会社は多いと思います。余程のことがないかぎり業務を見直そうとすることはありません。

何か問題が起こったときは、問題解決のため業務の見直しを経験したことがあるかもしれません。しかし、それを機会として全業務を一度見直そうとはあまりすることはないでしょう。そこで今回初めてすべての業務を見直す機会にしましょう。

企業も車と同じようにシステムで動いています。企業は車と違い機械の代わりに人が関わってシステムを構成しています。人が関わるシステムは機械だけのシステム以上に不確定要素が多く在します。

よって人が関わるシステムは経年変化を余儀なくされます。また経年劣化も当然予想されることです。不具合が生じているであろうことを前提として、すべてのシステムを点検する必要があります。

現状の業務の目的が変わっている

1つひとつの業務を見直すとき、それぞれの業務の本来の目的は何かを問うてみてください。そして現状の業務の目的が本来の目的とずれていないかを検証してみてください。例えば配送業務があるとしましょう。

現状の配送ルートは決められたルートで行われています。ただそのルートで回ると、どうしても帰社時間が定時を2時間過ぎてしまいます。それまでは誰もがそれを当たり前のこととして済ませてきました。

今回「働き方改革」に取り組むにあたり、すべての業務を点検しているときに初めてわかったことです。配送者に話を聞くと、前任者の指示通りのルートで回っていると言います。帰社時間を早くすることはできないのかと聞いてみるとできると思うとの返事でした。

よく聞いてみると、ルートに非効率なところがあるとのことでした。何社かの配送順を変えることで配送時間が短縮されるとのことでした。早速取引先へ配送時間の変更をお願いし、ルート変更したところ帰社時間が1時間短縮されました。

この話では、配送者は前任者の配送ルートをそのまま引き継ぐことが彼の業務の目的になっていました。決められた時間内で決められた取引先に配送することを目的にすることで業務の手段、方法が変わってきます。

実践ポイント

- 漏れなくすべての業務を見直す。
- それぞれの業務の目的を確認、検証する。
- 気づきを重視する。

④ありたい姿を描き「あるべき姿」をゴールとする

ありたい姿を描く

すべての業務を洗い出し見直した後、こうしたほうがいいという仮説を立て実践していきます。そして仮説を実践しながらここはさらにこうするほうがいいとか、ここはこれではだめだとかの試行錯誤を繰り返します。

そして実践してきた仮説をまた検証し調整していくことを繰り返します。そうすることで業務のありたい姿が段々と明確になってきます。言い換えるなら、仮説の先に本当にありたい姿が見えてくるということです。

今年の段階ではここまでをありたい姿とし、2年後はここまでをありたい姿とし、3年後はここまでをありたい姿にするというように1年1年ステップを上がるように進めていきます。

こうして仮説としてありたい姿を追い続けることで、本当の「あるべき姿」が見えてきます。

「働き方改革」に取り組み始めた初年度は、まず今の段階で立てた仮説の先にあるありたい姿を描きます。

「あるべき姿」をゴールとする

1つひとつの業務の目的を明らかにすることですべての業務の洗い出しができ、見直しができることになりました。そして仮説を立て実践することができ、結果を検証し調整することが可能となりました。

これまでに全社員からヒアリングを重ね、喫緊の問題には関係者全員からヒアリングを行い現状での課題を設定することができました。そして、それぞれの課題解決のシナリオが仮説として設定され実践により検証可能な状況になっています。

そのシナリオは自社がこれから目指す「あるべき姿」をゴールとしています。この「あるべき姿」は現実と乖離した理想を描いた絵空事ではありません。なぜなら全社員からヒアリングを重ね、すべての業務を丁寧に洗い出しすべての業務を見直したうえで仮説を立て検証を重ねた末、こうありたいと思う姿であるからです。
またゴールとする「あるべき姿」は後継者をリーダーとするプロジェクトチームが全社員を巻き込み創り上げ、経営者並びに現経営幹部の共感、合意を得ながら描いた姿であることはとても重要なことです。

実践ポイント

- ありたい姿を仮設として実践する。
- 結果を検証、調整する。
- 2年後、3年後のありたい姿を描く。
- チームが描いたありたい姿を経営層に報告する。
- 「あるべき姿」を経営層と合意形成する。

6　働き方改革ビジョンをまとめ社員に告知する

伝える側が改めて覚悟する

自社の働き方改革ビジョンをプロジェクトチームが中心となってまとめ上げてきました。私がコンサルとして関わる場合、企業の規模、社員数の多寡にもよりますが、ここまで3か月を想定しています。ご自身でやられる場合も自社の規模、社員数の多寡によりますが、2、3か月を想定されて臨んでください。

「働き方改革」の掲げる長時間労働の是正、いわゆる時短については残業時間削減、年次有給休暇取得の推進については同時進行にて行われていることをここでは想定しています。

私がこのコンサルティングプログラムにて関わらせてもらっている企業では時短策にも積極的に取り組んでいます。

時短策を進めていくと、自ずと業務改革をせざるをえなくなるということは前述しました。また逆にいうなら、業務改革を伴わないで時短だけを進めると業務の遂行に多くの支障ができ会社が回らなくなるのは当然のことです。

そういう意味でも企業が「働き方改革」に取り組むにあたり、経営者の深い理解がなければ最後までやり遂げることが難しくなります。中には時短だけが進み、業務改革が伴わず日々の業務に障りが多く出てきたことで「働き方改革」の取り組みを止めてしまう企業がでてきます。

実現できるビジョンであることを伝える

3か月という時間をかけ後継者がチームリーダーとなりようやく自社の「働き方改革」ビジョンができあったわけです。全社員を集めこれから自社のビジョンを伝えなければなりません。

ここで大切なことは経営者が本気で自社の「働き方改革」に取り組んでいるということを伝える

ことであり、経営者の想いを全社員に伝えるということです。１つ間違えれば会社を壊してしまうかもしれないという危機感を持って臨んで欲しいと思います。

この場で発表する「働き方改革」ビジョンは、３か月を掛けすでに全社員を巻き込んで創り上げてきたビジョンです。外部のコンサルタントがお仕着せでつくりあげたのでなく、また経営陣が一方的に押し付けるものでもありません。

全社員からヒアリングを重ね後継者をリーダーとする次代を担う若い次世代経営幹部たちによって考え練られたビジョンです。いうなれば社員みんなが納得できる、そして実現できるビジョンになっています。

自社の「働き方改革」が目指す自社の「あるべき姿」を全社員と共有し共感を得られるよう伝える場にしてください。そしてどのような方法でどのような活動をしていくのか具体的に伝えてください。

実践ポイント

・全社員に伝える場を設ける。
・経営者が自分の想いを自分の言葉で伝える。
・チームリーダー（後継者）がビジョンを伝える。
・「働き方改革」の目的意義を真摯に伝える。

7 プロジェクト委員会を立ち上げる

①委員会の目的と役割を明確にする

ここからいよいよスタート

ここまでプロジェクトチームが準備委員会として調査、準備をしてきましたが、これからいよいよ活動を始めることになります。プロジェクト委員会の委員長は引き続きチームリーダーであった後継者が務めることが望ましいと思います。他のメンバーは委員会の事務局として委員長を支え委員会の活動をリードしてもらいます。

プロジェクト委員会の目的は自社の「働き方改革」を実践遂行させることにあります。その役割は各部署から選出された委員の活動が円滑になされるよう支援することにあります。

またプロジェクト委員会の活動報告は月に1回、役員会等においの現経営幹部にしてください。また役員会等の許可が必要な事項はその都度役員会等で審議してもらいましょう。

タイムリーな問題解決は社員のモチベーションを引き上げることに繋がります。また解決が可能なものから対処していくことで、小さな成功事例を少しずつ積み上げることも社員のモチベーションを上げることになります。

今後自社の「働き方改革」に関わるすべての事項はプロジェクト委員会で扱われることとします。

実践ポイント

- 月1回の開催とする。
- 経営陣への報告を月1回行う。
- 各委員の支援を行う。

②各部署を網羅した構成員を決める

委員のやる気を集める

すべての部署を網羅するよう各部署から委員を選出します。人選はプロジェクトチームの推薦で行うのがいいでしょう。部署長が委員であってもいいですし、若手でリーダーシップが取れる社員を抜擢してもいいでしょう。いずれにしても委員の活動を委員会が支援することが欠かせません。

委員の数は企業の規模や社員数の多寡により違ってきますが、あまり多くなると運営が難しくなる恐れがあります。５名から、20名くらいで行うのが効率よく運営されるのではと考えます。プロジェクトチームのメンバーが委員となってもかまいません。

また活動を進める中でどうしても必要な人材が出てくることがあります。そのときは常に臨機応変を心がけ随時委員に任命してください。

実践ポイント

・委員は必ずしも部署長である必要はない。
・委員の部署での活動を支援する。
・プロジェクトチームで委員の選出をする。

③各部署委員のもと各部署で活動を始める

委員長の支援が鍵

各委員のもと各部署で活動を始めます。各部署ではヒアリングにより問題が抽出されています。またそれぞれの問題解決のための課題が設定されています。課題解決に向けたシナリオがあらかじめ考えられています。

業務ごとに課題解決のためのシナリオに沿って活動をしていきます。その活動の中で不都合が生じた場合は、微調整しながら進めていきます。経過を注視しながら結果を確認検証していきます。またあらかじめ問題とされていない問題が出てきた場合、委員会に報告するとともに問題の真相、真因追究を委員中心に進めます。初めて取り組むことですから、常に臨機応変という柔軟な考え方で臨んでください。

当初はプロジェクト委員会委員長である後継者が各部署のミーティングに参加するようにしてほ

しいと思います。後継者が会社の実情を知る機会であり社員との信頼構築にも役立ちます。

実践ポイント

- 当初は委員長がすべての委員会に出ることが望ましい。
- 各部署で温度差がなくなるよう支援する。
- 委員の役割を明確にしてやる。

④月１回の委員会を有効に機能させる

委員会はエンジン

月１回のプジェクト委員会には、経営者を始め役員がオブザーバーとして参加することがあります。委員会ではまず各委員から１か月の活動報告が出され次月の活動予定が報告されます。

委員長は各部署の活動状況をしっかり把握してください。各部署で活動が活発なところとそうでないところが出てきます。今１つ上手く活動できていないと思われる部署があれば、委員長自らすぐ委員の支援に動いてください。

委員会において少しずつの成果が報告されてきますと、自ずと委員会が活性化されてきます。成果が続いて現れてくると段々と全体に勢いが生まれてきます。その勢いを大事にすることが活動の成否を決めていきます。

しかし、いつも上手く行くとは限りません。中には全然活動が進まない部署があったりします。そのときは委員長初め委員会メンバーが委員の相談に乗り支援をどのようにするかを決め行動してください。迅速な対応が必要です。

プロジェクト委員会の活動は役員会へ随時報告を上げてください。経営者を初めとする現役員と活動に対する認識を共有しながら活動することはとても重要なことです。活動の中でどうしても経営陣の許可が必要なこと、経営陣の協力が必要なことがでてきます。そうしたとき、迅速な対応が為されるよう日頃から連携、連動しておくことは大事なことです。

実践ポイント

- 委員会を機能させるのが委員長の務め。
- 委員会の活性化が活動の勢いを生む。
- 委員会と役員会を連動させる。

8　部署間、部署内の業務デザインをし直す

各業務の望ましい姿を求める

各部署においてこの機会にすべての業務の洗い出し見直しをします。またヒアリング等を通じて

１人ひとりの業務を洗い出し見直す機会としてください。そうすることで今まで気づかなかったこと、見えなかったことなどが噴出してきます。

そのうえで各業務の最も望ましい姿を描くことができるようになります。次に現状の業務と望ましい姿の業務との違いが際立って見えることになります。その違いとずれを確認し望ましい姿に近づくよう手順を整理していきます。

部署間に渡る業務の洗い出し

中には部門内だけの業務の見直しのつもりが部門間の業務の見直しに繋がっていくことがあります。業務には部門内だけで完結しているものがあれば、部門を超えて成り立っている業務が当然あるわけです。なぜその業務がこの部署で行われているのかと問うていくと、本来違う部署で行っていた業務をこちらでやる方が効率がいいということで現在に至っているということがあります。

部門間を跨っている業務は本来部門だけで完結できるものかどうか、また部門間の連携がうまく行われているかどうかなど確認する必要があります。業務の本来の目的を考えることも必要になります。

その結果、この業務はこの部署でなく他の部署でやるほうが効率いいとか、いくつかの部署に跨っている業務を１つの業務にまとめてしまうとか、業務そのものが必要でないとか、いろいろと出てきます。

慣習、タブーを恐れず

経営をしていますと経営者はそのときそのとき思い付きのように新しい部署をつくったりします。あるいはそれまで一部門の業務であったものを1つの部署に昇格させてしまっているということがあります。

さらに部署の名称が独特のものであったりすることがあります。その名称に経営者の思いがかけられており奇抜でユニークな名称が付けられていたりします。ただその名称から業務内容がわかり難いことが難点ではあるのですが。

今回のような業務の洗い出しをしていると経営者の肝いりでつくられた部署の業務が経営者の思惑通りに機能しておらず元の部署へ戻すほうが機能的にも効率がいいことがあったりします。

経営者がしたことを批判し否定することはなかなかできることではありません。しかし今回のような「働き方改革」に乗じてタブーとみなされてきたことにも手を付けるいい機会として欲しいと思います。

実践ポイント

- 部署内1人ひとりの業務を洗い出す。
- 部署内業務をすべて洗い出す。
- 部署間に渡る業務を洗い出す。
- 変えることを恐れない。

9　全体的に業務デザインを見直す

①業務フローの見直し

あくまで流れを見る

さていよいよ大詰めがきました。これまで1つひとつの業務を洗い出し見直しを行ってきました。ここではフォーカスを引き上げて全社の業務を俯瞰するように見てみましょう。

自社の姿を業務の流れを通して眺めてみましょう。どこかにおかしなところ不自然なところはありませんか。スムーズに業務が流れているでしょうか。どこか流れが止まっているところはありませんか。流れが細く途切れそうなところはありませんか。

ここでは大局的に客観的に業務の流れを見てください。すでに1つひとつの業務は見直していますので、あくまでも業務の流れという視点で見てください。もしかすると1つの業務の流れを付け替えるだけで大きく全体の流れを変えることになるかもしれません。

今一度各部署内の業務に流れをじっくり眺めてみます。次に他部署との業務の流れに支障がないか確認します。最後に全社として業務の流れが水が流れるように上手くできているかを観察してみましょう。

実践ポイント

・先入観なく俯瞰する。
・フローという視点で業務を見る。
・大きな変化に繋がる。

②業務の自動作業化を進める

アンタッチャブルな業務はない

各業務の中で手作業を自動化できることがあればぜひ検討してみてください。可能なかぎり実現化してみてください。自動化されることで起きる様々な利益を創造してみてください。

誰もがこの作業は自動化されればいいのにと思いながら、放置されていたということがありませんか。ただ何となくこれまで長くそうしてきたから、誰も何の疑問を抱くことなくやってきたということありませんか。

この機会に思い切って自動化できることは積極的に切り替えてみてはいかがでしょう。業務の効率化ができ生産性が大きく上がることになるような自動化が実現されるならば、この度のプロジェクトの大きな成果の1つになります。どのような会社にもこだわりたいところや大事にしたいところがあります。それが自社の商品や製品をオリジナルなものにしていることがあります。残すものと変えるものを明確にすることが大切です。

実践ポイント

・すべての作業を洗い出す。
・慣習、習慣に捉われない。
・費用対効果を検証する。

③書類等の電子化を進める

書類がないと不安だ

まだまだ会社において紙ベースで業務が進められているところが多くあります。各業務の中の事務書類をこの機会に1つひとつ見直してみましょう。そもそもその書類が必要でないことがあったりするものです。

現場での書類、営業事務での書類、総務、経理、財務での書類等会議の資料に至るまでこの際、すべて見直してみましょう。全社レベルで書類の電子化を進めるいい機会としてください。

例えば、経理事務において銀行との取引で必要な書類を電子化することができれば事務職員が銀行窓口へ出向いていた業務がなくなったりします。業務の中を1つひとつ見ていくとこのようなことがきっとたくさんあるに違いありません。

書類1枚1枚にそれぞれ目的があります。必要か不必要かを判断するのにその目的を問うことで答えが自ずとでてきます。

実践ポイント

・紙ベースの業務をすべて洗い出す。
・それぞれの目的を問う。
・簡素化、簡略化、廃止を考える。
・電子化のメリットを検証する。

④業務ルール、業務基準を見直す

ルール、基準は変わるもの

それまでの各業務のルールや業務基準をこの際見直してください。改めて見てみると驚くようなルールがあったり、とてもじゃないがこれはおかしいと思われるような業務基準があったりします。

会社も業務も長い時間が経つと、おかしなところ不具合なところが散見されます。そのときそのときはよかったことが今では通用しないなどということが多くあるものです。業務ルール、業務基準も同じで、絶対ということはありません。

その都度その都度見直すべき対象になります。ルールや基準が変わることで業務がやりやすく効率よくなるなんてことが実際起こります。「働き方改革」を進めるにあたり、変えてはいけないことはなにもないのだという強い信念で臨んでください。すべてのルールと業務基準には本来の目的があります。その目的を問い直してみましょう。

実践ポイント
- ・タブーはない。
- ・すべては変えられる。
- ・ルール、基準設定の目的を問う。

⑤社員の仕事上のメリットを共有する

社員の意識が会社を変える

「働き方改革」が上手く進むと、社内でいろいろと変化が起き、様々な効果が見えるようになってきます。例えば、働く場を変えるということで会社の中をプロのデザイナーを使い改装を行ったということがあるでしょう。

事務所の改装にあたっては社員の意見を取り入れたところが随所に見られます。壁の色が明るくなったことで雰囲気が大きく変わりました。机、書棚、事務機器の配置が整理されすっきりと広々としました。

また働くルールを変えるということで毎朝の朝礼時間が変更になりました。それまで始業開始前に行っていたのですが、始業開始と同時に行うことに変わりました。これには現社長が難色を示していましたが、後継者が説得し変更されました。

働く仕組みを変えるということで各部署の各業務を見直しました。売上利益を落とすことなくほぼ定時に帰社できるようになりました。さらにもっと何かできるという自信のようなものが生まれた気がします。

このような変化が会社全体で見られるようになりますと、社内風土にも変化が見られます。社員のメリットと会社のメリットが上手くかみ合うことになります。社員の意識が変わり会社が変わります。社員の多くが会社は変わってきたと実感できるようになればしめたものです。会社は自然と大きく変化します。

実践ポイント

- 変化による成果を知らしめる。
- 変化による成果を共有する。
- 変化し続けることを意識する。

10 付加価値の高い業務へ集中する

取り組む改革に間違いはない

極端な話をするなら、一連の業務改革の結果、定時を大幅に早くすることも可能だと思われるくらい徹底した改革をして欲しいと思います。そして生まれた時間と気持ちの余裕を持って、本当に会社にとって付加価値が高い業務に集中してください。

すべての業務を洗い出し見直した結果、無駄な業務が明らかとなり業務の流れがスムーズになったことに満足することなく更なる改革に進んでください。会社にとってもっと価値を創造できる業務は何かと追い求めてください。

会社の売上が上がり利益が増える業務は何か、取引先や顧客がもっと満足し喜んでくれる業務は何か、働く社員がやりがいを感じる業務は何かといった本当に会社の価値を高めてくれる業務を探し出してみましょう。

「働き方改革」が本来求めているのはまさに企業の付加価値を高めることにあるといっても過言ではありません。逆にいうなら企業が付加価値を高めることができるよう改革を進めてきたともいえます。

「働き方改革」は業務改革

「働き方改革」の目的を違えることなく見失うことなく最後までやり抜くことで、初めて付加価値が高い業務に集中できる企業内環境をつくることができたことになります。「働き方改革」は自ずと業務改革を伴うことになり必然として経営改革に繋がります。

多くの企業が長年のデフレ環境の下、売上が低迷し利益が増えない業績不振に陥っています。またどのような企業もビジネスモデルの経年劣化は避けられません。好調であった業績が低迷し右下がりを描き始めている企業が多く存在します。

「働き方改革」の目指すところ

本書で何度も述べているように「働き方改革」は時短だけに取り組むということではありません。同時に業務改革をすることがどうしても必要になります。どうせ取り組むなら業務改革を徹底して行いましょう。

結果、無駄な業務が削減され本当に必要な業務だけが残ることになります。そのうえ社員の意識が変わり社員の士気が上がっています。業務の刷新が為されビジネスモデルも見直されます。

「働き方改革」の目指すところ目標とするところは、より付加価値の高い業務にシフトすることにあります。そういう意味で、どうせ取り組むなら中途半端は止めて真正面から真剣に取り組むことをおすすめいたします。

実践ポイント

- 無駄な業務を省くだけで満足しない。
- 本当に価値ある業務を見つける。
- もっと収益が上がる業務を見つける。
- 顧客が喜ぶ業務を見つける。
- やりがいある業務を見つける。

第4章

社員の巻き込み方が成否を決める

1　社員の関わりを確認

まさに正念場が今ここ

本プログラムの正に一丁目一番地にやってきました。ここまでのところは手順に従えば多くの企業が到達できると思われます。問題はここからです。それまでの業務を見直し効率化を図り無駄な業務を廃止してきました。

その結果、時間外労働が是正されなおかつそれまでの業務が支障なく行われるようになりました。しかしながら業績は変わらず売上が低迷したままです。これでは何のためにここまで働き方改革という名の下で業務改革をしてきたのかわかりません。

後継者をリーダーとしたプロジェクトチームのメンバーが中心となって各部署の業務を付加価値のある業務へと変質させることができないか1つひとつ検討していきます。さらに付加価値のある業務を新しく増やすことができないかを考えます。

具体的にいうならもっと儲かる利益が上がる業務に変質できないかを考え、さらに儲かる利益が上がる業務を新しく増やせないかを考えてみてくださいということです。次に顧客が喜ぶ業務に変質できないか、新しく増やせないか考えます。

最後に社員がもっとやりがいを感じる業務に変質できないか、新しく増やせないかを考えてみてください。辛抱と時間がかかるところですがじっくりと取り組んでください。大きなことでなく小さなことからでもとにかく考え続けてください。

独りよがりな活動はだめ

プロジェクトリーダー、ここでは主に後継者を想定していますが、彼の役割と責任は相当大きなものです。このプロジェクトが上手く進捗するかどうかが企業の将来を決めると言っても過言ではありません。

次代を担う後継者と次代の経営者を支える経営幹部候補者とが次代の企業のあるべき姿を実現するべくこのプロジェクトを推進しています。彼ら自身の将来がかかったプロジェクトでもあるわけですから真摯に真剣に取り組まざるをえません。

プロジェクトの進捗状況を常に把握することはもちろんですが、彼らが常に確認すべきもう１つ大事なことがあります。それは社員のプロジェクトへの関わり方です。プロジェクト委員会メンバーだけがシャカリキになって動いて、他の社員は冷ややかに見ているなんてことになっていないか確認してください。

社員が参加している実感を持つ

自分たちが今やっている活動が本当に正しいやり方なのか、自分たちのやっていることがしっかりと腹落ちしていると実感できているのかどうか、絶えず確認しながら進めてください。

また委員会で決定したことが社員への通達になっていないか、社員がやらされていると感じていないか常に気を配って見ていてください。たくさんの時間をかけ社員からヒアリングを重ねてきたことが決定事項に反映されているかどうか確認してください。

社員の意見をたくさん聞いたにもかかわらず、決定事項に何も反映されてないということがないよう気を付けてください。社員の意見を聞いただけでいいだろうという安易な活動になっていないか是非確認してください。

社員が自分たちの意見が少なからず活動に反映されていると思ったなら自分たちの行動に責任感を持つことになります。そして自分たちの課題に真剣に取り組み解決に向けやり抜こうとすることでしょう。

すべての社員がプロジェクト活動に等しく参加している状況をいかにしてつくるかがプロジェクト成功の成否を決めます。プロジェクトリーダーは絶えず現場にでて社員の動静を把握しておいてください。社員員が同じ列車に乗っているかの確認を怠らないでください。

実践ポイント

- ・プロジェクト委員会が機能しているか確認する。
- ・各部署での活動が機能しているか確認する。
- ・社員の意見が反映されているか確認する。

2　社員のベクトルを同じ方向に向ける

同じ方向を向くことが勢いをつくる

プロジェクトリーダーは各部署の動きを注視してください。各部署の活動状況並びに部署のムードを注視してください。部署ごとで当然違いが出てきますが、できるだけ同じくらいの活動状況になるよう注意してください。

一部署だけが出遅れているとか、どうも活動に不熱心に感じるとかいうことがないよう気を付けてください。また同じように部署内で誰かだけがどうも参加しない、言うことを聞いてくれないということがないよう気を配ってみてください。

そのためにはプロジェクトリーダーと部署を代表している委員との密なコミュニケーションが必要となります。委員会で委員の活動報告を聞くだけでなく個別に状況を確認してやってください。

また、ときには部署のミーティングにプロジェクトリーダーが出かけていくことも積極的に行ってください。プロジェクトリーダーが現場で社員の意見を直に聞くことは大事なことです。この活動では１人の落後者も出さないという覚悟と意気込みで臨んでください。

どこの部署であろうと少しの成果があれば、是非全社員で共有できるよう工夫しましょう。小さな成果の積み重ねが社員の勢いをつくることになります。

実践ポイント

・社員が参加できるしくみがあること。
・社員の参加意識の醸成。
・1人の傍観者も許さない覚悟。

3 社員と目的、目標を共有するため場を設ける

途中経過を確認する

ここでは社員と目的、目標を共有するため新たな場を設けてくださいということではありません。プロジェクト委員会、各部署でのミーティングで自分たちがしてきた活動がここまで来たのだという確認をしてほしいということです。

自分たちの活動の進捗状況をプロジェクト委員会のみならず各部署ミーティングでも確認することは2階層で確認できることになります。これがとても重要なことです。委員会で報告され決定されたことが現場で実際にどのように実施されているのかをタイムリーに確認することが大切です。

どの会社でもありがちなことは決められたことがその後どうなっているのか確認されずに済まされることが多いということです。決定をした責任者は会議で決めたことは放っておいても実行されるものと思っています。

そして、できていないことがわかったとき、現場の責任者にすべて責任があるとしてしまいます。

本来は途中でどうなっているか確認をする、あるいは確認報告をさせるということが当然あってしかるべきです。

特にそれまでにない新しい取り組みをしているときは途中経過を注意して追うべきです。委員会で決めたことが必ず実行されているとは限りません。月1回の委員会、各部署ミーティングで途中経過の確認をお願いします。どのような仕事も最後までできているか、徹底して確認することが成就させる秘訣だといわれます。最後まで確認の連続です。

実践ポイント

- 途中経過を確認する。
- プロジェクト委員会と部署でのミーティングを定期に行う。
- 各部署、各社員のレベルを合わせる。

4　コミュニケーションツールの活用と問題点

情報を共有するだけで終わってしまう

ＳＮＳを使ったコミュニケーションツールには色々あるようです。使えば便利だということだけで導入するのでなく、目的をしっかり明確にしておいてください。便利さだけに捉われて本来何のために導入したのかがついつい忘れられてしまいます。

また内容によっては社員に大きな負担を強いることになりかねません。必要な最低限の情報を共有することからスタートするのがいいでしょう。どうせやるならあれもこれもと欲張ってしまうことが多いのですが、本当に必要かどうかよく考えてみてください。

さらに社員のプライベート情報をどこまで開示しどこまで提供してもらうのかということもよく話し合っておく必要があります。社員間のコミュニケーションを活発にさせるという大義名分が社員のプライベート領域を犯すことを是認することになっては大変です。

肝心なことはどのような情報が必要なのかという議論を導入前に尽くしておくことです。いつのまにかコミュニケーションツールを導入することが目的になってしまい、導入しただけで満足してしまっているなんてことになりかねません。

導入後のフォローアップをしっかり行ってください。どれだけの社員がどのような情報をどのように利用しているかなど途中経過を把握してください。導入目的に見合った効果が出ているかどうか確認してください。

実践ポイント

- 便利さに捉われず目的を明確にする。
- プライベートと区別する。
- 「働き方改革」に必要な情報を共有する。

5　決められたことが実行されているか確認

放っておけばやらなくなる

ここまで後継者がプロジェクト委員会の委員長として「働き方改革」に取り組んできたわけですが、最も肝心なことが残っています。全社員からヒアリングを重ね問題を洗い出し課題を設定し課題解決の具体策を決定してきました。

そして、色々なことが委員会で決定され各部署で実行されています。その経過は随時委員会にて報告がなされ実行の実態が確認されています。その後、最後まで実行されているのか約束事が守られているのかを確認します。

そしてその結果どうであるのかを検証して微調整を繰り返すことになります。ここまでやってようやく一区切りがつきます。最後までやり抜くということはここまでやるということです。約束したことが守られ、決められたことが実行されていることが重要です。

途中経過の確認がない会社

ある会社の経営幹部にヒアリングをした際、こんな話がありました。その会社はある大手企業の販売代理店でした。日本全国に２００社を超える販売代理店の１社で売上実績では常に上位１０社に入っていました。

しかしどうしても毎年いくら頑張ってもトップ5には届きません。よってここ数年彼の会社の目標はずっと「目指せ、トップ5」でした。その経営幹部に私が尋ねました。

「その上位5社と貴社との違いは何なのでしょう」

「うーん、営業力に差があるとは思えません。営業マンのレベルでは遜色ありません」

「ではなにかマネジメントに違いでもあるのでしょうか」

「管理職のレベルでも負けているとは思えないのですが、しいて言うなら私どもの管理職の多くが良い意味でも悪い意味でも放任主義といいますか、部下に任せきっているところが気になるところです」

「なぜ気になるのでしょう」

「部下に任せてくれるのはありがたいのですが、途中経過を含め最後まで何も聞かれないのが気になります。目標通りできている部下はいいのですができていない部下にも何も聞かないのはいかがなものかと思っています」

実践ポイント

- 改革の成否がかかっている。
- 約束したことが守られているか確認。
- 決められたことが実行されているか確認。

第5章

働き方改革の実践例の紹介

1　3社3様の働き方改革

アプローチの仕方はそれぞれ

　これから3社の実践例をご紹介します。3社はそれぞれ違う企業背景を持ち経営環境も全く違っています。私の関わり方もまたそれぞれに違っています。元々は事業承継の相談に乗るということでお付き合いが始まった会社、子息の育成をお手伝いすることで始まった会社、若手幹部の指導、研修ということで始まった会社とそれぞれ違った目的で関わってきました。

　3社とも現在、「働き方改革」に本気で取り組んでいるところは共通しています。アプローチの仕方、取り組む主体、取り組む仕組みはそれぞれ違っています。それぞれの違いがとても興味深いところです。

　当然のことですが「働き方改革」への取り組みはそれぞれ現在進行中です。ここでは途中経過報告ということでご紹介します。

中小企業の親父は嫌がる

　多くの中小企業ではまだまだ「働き方改革」に取り組む企業は少ないのが現実です。そもそも政府がいう「働き方改革」の意味がわからない、またわかろうともしない、わかりたくもないという経営者がたくさんいます。中には「働き方改革」という言葉を聞くだけで大きく顔を歪め不快な表情をする経営者がたくさんいます。

なにしろ政府が進めようとする政策が企業に不都合な特に中小企業にとって不可能と思われるようなものを次から次へと出されている感がするからにほかなりません。「働き方改革」はその最たるものだと経営者は感じています。

人口減少による労働人口の実質的減少が人手不足となって特に中小企業を苦しめています。中小企業に新卒特に大卒が集まらないという声が多く聞かれます。そんな中、政府が長時間労働の是正をうたい「働き方改革」を推進しています。

シャレにならない現実

残業時間削減、年次有給休暇取得の推進を義務づけられ尚且つ業績を下げずに行えという誠に身勝手で無茶苦茶なことを政府が中小企業経営者に迫っていると多くの経営者は思っています。

現実問題として政府が言うことは「云うに易し、行うに難し」というところです。しかしながら、義務づけられていますからやらないわけにはいかない、正直どうしていいかわからないというのが経営者の本音でしょう。

厚生労働省が「働き方改革」の目的を「社員の長時間労働を是正し社員の働く意欲を高め社員の能力を高めることで生産性の向上を実現する」といとも簡単に実現するかのごとく言っています。

しかし、中小企業の実際の現場では社員の残業時間を削減することで、シフト変更による増員を余儀なくされ、社員にとっては残業時間が減ることで月収が大きく減額されたという両者共々減収になるというシャレにならないことが起こります。

真っ当な「働き方改革」とは

政府は残業時間をゼロにしなさいと極端なことを言っているわけではありません。当然必要な残業時間は認められています。年次有給休暇も同様、年に最低5日は取らせてくださいと言っているに過ぎません。

よって厚生労働省の指針も社員の労働時間をできるだけ法定労働時間内で終われるよう努力してくださいと言っているわけです。同時にどの企業にとっても生産性の向上は求められることなのでこの機会に努力しましょうと言っているに過ぎません。

この認識の下で中小企業経営者が「働き方改革」を毛嫌いすることなくまともに取り組むことは決して企業にとってマイナスになるとは考えられません。それどころか真剣に取り組むことで業務改革に自然と取り組むことになり、本来やろうと思っていた経営改革につながるという利点があります。

「働き方改革」を逆手に取るのでなくまさに順手にまともに取って取り組みましょうとこれまで何度も言っているのはこういうことを指して言っています。本章でご紹介する3社はそういう意味で経営者が「働き方改革」の意義、目的をよく理解したうえで取り組まれています。
３社３様の「働き方改革」をこれからご紹介します。

1. A社の場合　兄弟で改革

私との出会い

A社との出会いは3年前になります。父親である社長から事業承継の相談に乗ってほしいと依頼があり、月に一度会社を訪問することから始まりました。A社には後継者が２人、長男、次男が入社していました。

A社は埼玉県にある建設機械のレンタル会社です。創業者は父親で40年を超す社歴があります。資本金は９０００万円、直近の売上高は約15億円、社員数約30名という企業です。業績はこの数年好調に推移しています。

父親が現在75才、長男が47歳、次男が43歳になります。父親である社長が70歳を越した頃から、事業承継について意識し始めて、同じ時期に出会った私に経営交代の準備を手伝ってほしいということでした。

現在、長男が総務、経理、財務を担当しており次男が営業を担当しています。私は月に1回午前中に訪問しています。社長との面談と次男との面談を行っています。社長とは事業承継の話をし、次男とは月次試算表を見ながら経営全般の話をしています。

長男とは、会社訪問とは別に月に1回私の事務所で中国古典『大学』『論語』『孟子』『中庸』いわゆる四書をビジネスで読み解くというセッションを続けています。長男とは『大学』『論語』を済ませこれから『孟子』に入っていくところです。

社風は質実剛健

創業者の父親はご自身が建設機械のエンジニアということで同業他社にないメンテナンス等の高い整備技術力を売り物に企業を発展させてきました。その結果、建設機械メーカーや同業他社からもメンテナンスの依頼が多くきています。

顧客は関東エリアの建設解体業者をメインとしています。これまでは大手の建設機械レンタル会社がそれほど参入していない業界でしたが、最近では大手レンタル会社も解体業者への売り込みが激しくなってきたと言います。

それでもそれまでの専門業界での実績と専門業者への提案力、さらにはきめ細かな営業サービスのおかげで売上を落とすことなく業績を伸ばしてきています。ただ関東エリアでは東京オリンピック後の業界環境が読めないところがこれからの不安材料となっています。

社内風土は社長の人柄の影響が大きく、質実剛健といった印象です。華やか派手さといったところはありませんが、こつこつと地道に日々を確実に堅実に積み重ねてこられたという感じがしています。

現社長の気がかり

現在の順調な業績の推移は、まさにこの社内風土の賜物だという気がしています。そのことはまた決算書から一目瞭然としてわかるところです。営業利益率が高く自己資本比率が高いところからも安定した経営が想像されます。

現在は父親のもとで長男と次男がそれぞれの得意とする分野を担い非常に上手くバランスがとれたこの上ない状態です。父親である社長が最も心配することは経営交代した後この上手くいっているバランスがどうなるかというところにあります。

要するに自分がいなくなった後兄弟が仲良く会社を経営し続けることができるのかということを父親が一番心配しています。私が関わることになってからも最も注視してきたところはまさにこの1点にあります。

実際のところ兄弟が同じ会社に入って上手くいっている会社というのはそう多くありません。私が知るところでも兄弟げんかになり結果分社したところがあり、折角上手くいっていたのに相続が原因で喧嘩別れになったケースもあります。

父親自身兄弟仲が悪かったにもかかわらず、自分の息子たちには仲良くしてほしいと願う身勝手ともいえることを息子たちに要求している経営者も多くいます。

兄弟互いに思いやる

両雄並び立たずということがあり、組織のトップは当然1人であることが原則です。長男、次男どちらがトップになろうと上手くいかないところは幾社もあります。肝心なことは互いに相手を思いやり互いに補い合い支え合うという気持ちを持つことができるかどうかにかかっています。

長男が社長になり次男が専務になるパターンが多いわけですが、そのパターンでも上手くいかず次男が追い出される、自ら飛び出るといったことが起こります。そうなる原因は色々とあるわけですが、元はといえば互いを敬い互いを支え合う心がなかったということになります。

互いに俺が俺がと競い合えば必ずぶつかることになります。では一方だけが控える気持ちがあればいいのかというとそれにも限度というところがあります。一方が控えてくれるのをいいことに他方が図に乗ってしまい度を超すということは間々あることです。

そういうところからでもどちらか一方だけが控えることより、互いに少しずつ控える気持ちがあることのほうが上手くいくということが言えます。

兄弟どちらが上に立とうがどちらも互いを思いやり互いを補い合い互いを支え合うことができれば必ず関係性が上手く保たれます。

関係性は必ず変わる

A社の社長が最も危惧するところが兄弟の関係性が将来どうなるのかということにあるのはそう

いう意味で当然と言えば当然の話です。私がこの３年間、この兄弟と接してきた中で、当初は父親と同じような懸念を抱くところもありましたが、最近ではこの兄弟は上手くいくのではという気がしています。

初めの変化は長男からでした。長男がまず自ら控える気持ちを次男に伝えました。それに対し次男も変化しました。次男も自ら控え長男を立てる気持ちを表しました。長男の変化が次男を変えました。

このような兄弟互いの心境の変化があり、それが父親に伝わることでＡ社の事業承継がこれから現実に動いていくものと感じています。後継者がいない会社にとっては、いずれにしても羨ましい話です。

Ａ社の「働き方改革」

このような状況の中でＡ社の「働き方改革」が進められていました。２年前から総務、経理、財務担当取締役である長男の手で改革が始まっていました。長男による「働き方改革」についてこれから記していきます。

先日、私の事務所にて長男にインタビューを行いました。

「Ａ社でいつから何がきっかけで働き方改革に取り組み始めたのですか」

「２年くらい前から本格的に取り組みました。きっかけは職安等に求人の募集をしても人が来ないということにありました。特に若い人がまったくこないことに愕然としました」

「それはなぜだと思いましたか」

「実は当社は最近まで日祝のみが休日でした。最近ようやく隔週土曜日を休みにしたところです。会社の休日が少ないことが人の集まらない理由の1つだと強く感じたわけです。このままでは若い人が絶対来ないと思いました」

「それで働き方改革に取り組もうとしたのですか」

「当初は働き方改革ということでなく社員のワークライフバランスを整えようと考えていました。適正な労働時間というものを考える会社であるということを社外に知らしめることで人が集まるのではと考えたわけです。このままでは会社に新しい血がもう入ってこないのではという危機感もありました」

時短策の手立て

「では具体的にどのような手立てを打たれたのでしょうか」

「先ほども言いましたように、それまで日祝のみの休日を隔週土曜日休みとしました。また今は残りの土曜日は出勤を交代制にして半分の社員が休むようにしています。今後は完全週休2日制にしていきます」

「残業時間はどのようになっていますか」

「かつては残業時間も個人差はありましたが、月50時間を超す社員が結構いました。それも朝礼等で残業時間を減らす努力をして欲しいと伝え始めてから徐々に減っていきました。会社が打った手立てとして本社工場への重機等の受け入れ時間を変更しました。

受け入れ時間を早くに制限することで工場の業務の延長時間を減らすことに繋がりました。また本社事務所の電話対応もそれまでは極端な話24時間対応としていました。それを午後6時に音声対応で「本日の業務は終了しました」と流すことにしました。結果、事務職の業務が早く終われるようになりました」

「有給休暇の取得についてはいかがでしょうか」

「これについてはほとんどの社員が年5日は取るようになっています。一部の管理職がまだ取れていませんが、今年は必ず取らせるつもりでいます」

業務改善、業務改革の具体策

「お聞きしていると時短についてはほぼ目標通りに行われているのですね。ではそれに伴う業務の改善、改革についてはどのような問題があり、どのような解決策を取られているのでしょうか」

「この2、3年は売上が伸びたことで仕事量が増え社員の負担が増えたわけです。同時に時短策を進めていたので、業務の内容を見直す必要が当然出てきました。まずは現場事務所共に重複作業がないかどうか調べ、重複作業を絶対させないようにしました。事務職ではシステムの改善、書類等の電子化を進めました。また無駄な業務の徹底排除に努めました」

「そういえば事務所の改装をやりましたね。以前に比べ明るくなり広くもなったように思います」

「事務所の改装にあたりルールをこしらえました。1つは書類、本等の整理整頓をするだけでなく無駄な書類、パンフレット、カタログ等を置かないことにしました。さらにメーカーから来るパンフレット、カタログを一定数以上は受け取らないことを徹底しました。それでも残る余分なものは勿体ないと言わず捨てることにしています。もう1つはそれまで事務所に現場の備品が置かれていたのを事務用備品以外は置かないことにしました。それらのおかげで手狭であった事務所が思った以上に広々と感じられるようになりました」

テレワークという働き方

「働き方ということでは以前お聞きしたテレワークの話はいかがですか」

「テレワークで仕事を現在も1人ですが、やってもらっています。近所の主婦の方にお願いしています。事務の仕事でやれることを決め一定量の仕事をしてもらっているので助かっています」

「なぜテレワークをさせようとしたのでしょう」

「これも同じでワークライフバランスの話になります。時短を進めることで自社の労働条件を改善し新しい血を入れやすくするというためだけでなく私自身本気でライフバランスが上手くとることができる会社にしたいと思っています。その一環としてテレワークという働き方が我が社ではできるということを示したかったのです。また、主婦の方がこういう働き方ができるということをもっと世の中に知ってもらいたいという気持ちもありました」

ほとほと困った

「これまでいろいろと改革改善に手を尽くされてこられたわけですが、何かこれは困ったとか難しかったということがありましたか」

「これはとても些細なことですが、たばこ、喫煙の問題でしょうか。工場で働くほとんどの社員がたばこを吸っていました。それが目に余るほどになっていました。1時間に何度となく喫煙する社員もいる始末で作業時間が無駄に消えてしまっていました。何度となく朝礼で注意し見つけたら注意するのですがなかなかやめられませんでした。

あるときふと見ていると、工場の管理職たちが同じように吸っているのが見えました。彼らをまず完全に止めさすことが先だと思い厳しく指導しました。吸っているのを見つけたら部下の前でも厳しく叱りました。一度ならず何度か叱ったものでした。そういうことがあって今では誰も仕事中に喫煙することがなくなりました」

「それは大変でしたね。人が作業をするのに手を使うのですから、たばこに手を取られていては作業が進みません。それも全員が吸うとなると作業に大きなロスが出ます。喫煙の問題は決して些細な問題ではないですよね」

これからの課題

「まだまだ貴社の働き方改革は道半ばだと思いますが、これからの課題は何でしょう」

「これまで自分で取り組んできて働き方改革の原則だと思うことがあります。それはできることを少しずつやるということ、そして習慣化するまでやらせるということだと思います。そうすることで社員の意識が変わってくるのだと思います。

課題は、これまで自分1人で取り組んできたようなものでしたが、これからは社員と共に考えることができる環境をどうしてつくっていくかということです。もう1つは社員の労働時間が減るのですから、いかにして売上を落とさず業務をこなしていくのか、さらには新しく収益が上がる業務を探すことなどがこれからの課題と考えています。

私に言わせれば、働き方改革は売上改革でありアイデア改革だと思っています」

後継者が「働き方改革」に取り組む意義

「今日は改めて貴重なお話を聞かせてもらいありがとうございました。今後の課題の中で社員とともに考える環境づくりという話がありました。それについては以前お話しましたが是非あなたがリーダーとなってプジェクト委員会をつくって取り組んでみてください。社員が自然と関わっていると思うことができるしくみづくりが必要です。

今現在貴方の会社には親父さんが社長としていてくれています。その間に会社の業務改革ができるということはとても重要なことです。貴方たち兄弟がいずれ経営者になったときにやらねばならない業務改革、社内改革を後継者の間にできるということはとても素晴らしいことであり大変意義深いことです。

自分たち兄弟が経営者になったときの組織のあり方を考えるうえで、今の間に1つひとつの業務を洗い出し見極め見直すことで業務を再構築する手掛かりとしてください。そのうえで組織を見直し、組織の再編成が可能となります。

どうぞ慌てず急がず一歩ずつ前に進んでください」。

2　B社の場合　次世代経営幹部を鍛えよ

発端

8年ぶりの出会いでした。東京下町の私の事務所を突然訪ねてくれました。以前私は淡路島を本社にして建設資材販売会社を経営していました。子会社を3社持ち、沖縄から北海道まで営業所、支店網を繰り広げていました。

ピーク時グループの総売上115億円でした。私の会社は建設工事の中でも土木工事で使用する資材をメイン商品にしていました。それゆえに公共工事にその多くを依存していました。

日本の建設業界はかつて戦後の経済成長とともにその業況を大きく成長させていました。私の会社もその恩恵を十分に受け私の親父の時代に淡路島だけでたくさんの売上をさせてもらっていました。世の中はバブル最盛期でした。淡路島にもその波はまともに寄せていました。

もともと島であったことで港湾工事、ダム工事、農業土木工事などの公共工事がたくさんありました。さらに四国と淡路島を結ぶ鳴門大橋、そして本土とを結ぶ明石海峡大橋が相次ぎ建設されました。

そのうえ当時空前のリゾートブームでありました。ゴルフ場開発を初めホテル、レジャー施設などの建設が相次ぎました。淡路島にも多くのプロジェクトができ、計画されていたものの総額は約1兆円とも言われていました。

バブルそして崩壊

そんな浮かれた景気もバブルの崩壊により一変しました。多くのリゾート計画が中止され建設中のプロジェクトも規模を縮小されたり中断を余儀なくされたりしていました。リゾートプロジェクトに関わるたくさんの人たちの姿がいっぺんに消えていきました。

バブルとはよく言ったものです。まさに多くの人とお金がいっぺんに泡のように消え失せました。その後、自民党小泉政権のころには公共工事の抑制が始まりました。みなさんもご記憶だろうと思いますが、公共工事イコール悪というイメージが為されたころです。

それまで建設業界は10兆円市場でしたが、小泉政権のころには半分の5兆円規模にまで収縮していました。その間にたくさんの建設会社が倒産しました。さらに建設会社にとって追い打ちをかけるように入札制度が変わりました。

それまでの指名入札制度から一般競争入札制度に変えられました。自由な競争をさせることで競争力をつけさせるとかわけのわからない理屈でありました。

これは単に受注貧乏を産んだだけであったのかもしれません。多くの建設会社が体力を失くし市場から消えていきました。

出会いのとき

私の会社も建設業界にありましたので、その影響をもろに受けました。それまで淡路島だけで十分仕事量があったのですが、バブル崩壊後島内の公共工事が激減しました。30歳で親父から社長を受け継いだ私はそれまで淡路島だけであった商圏を島外に求めることにしました。

神戸市に営業所を開設したのを皮切りに大坂、東京と商圏を自ら広げていきました。気が付けば沖縄から北海道にまで広げていました。建設業界がバブル崩壊後右下がりを描いている状況のなかでの営業拡大となりました。

そんな時代にB社の会長と知り合うことになりました。当時の私は40代半ばといったところでした。まだまだこれからと沖縄から北海道までとまさに飛び歩く毎日を送っていました。

そんなあるとき取引銀行の支店長の紹介で彼と知り合うことになりました。彼も淡路島出身で私よりだいぶ若く文字通り青年経営者でした。聞くところによれば東京で広告代理店を経営しているということでした。

当時私は一端の経営者ぶっており私より年下の若い経営者を見ると誰彼となく面倒見ようとしてお節介を焼いていました。中には私よりも経営者として優れた方がたくさんいました。

彼もそのような1人でした。若くして故郷を離れ単身上京しいろいろと苦労され、多くの辛酸をなめたと聞いています。大手ノンバンクに入社し幹部にまで昇格したあと独立し広告代理店を買収し現在に至っているとのことでした。

当時東京に支店を持っていた私は月に2回は上京していました。彼をよく誘って東京で飲み歩いたものでした。彼の飲み様が豪快で面白く随分と楽しませてもらっていました。

懐かしき人との再会

それから時が流れ自民党の麻生政権から民主党の鳩山政権に代わりました。鳩山総理の「コンクリートから人へ」というスローガンの通り、民主党政権下で多くの公共工事がストップしました。私の会社のメイン商品がセメントでありコンクリート製品でしたので、業績が一気に落ちることになりました。今から10年前の春、負債総額45億円で会社を倒産させてしまいました。

その後私は妻と2人上京してきました。多くの友人や親戚に助けられ今に至っています。そんな私のところにB社の会長になった彼が尋ねてきてくれました。私が会社を潰してから7年が経っていました。

倒産後、私のほうから以前の友人、知人に一切連絡は取っていませんでした。もちろん彼にも連絡をしていませんでした。突然東京の下町の我が家を訪ねてくれた彼は随分探したと言っていました。

7年ぶりの再会は私にとってとても嬉しいことでした。短い時間でしたが２人で過ぎた時間を懐かしみ、旧知の人たちを語らうことができました。また再びの交誼を約してその日は別れました。

B社の「働き方改革」に着手

その再会から2年が経ちました。今年の初めからB社の「働き方改革」のお手伝いをさせてもらっています。これからその話をいたします。B社は東京に本社を置く弁護士、司法書士、税理士、行政書士など士業専門の広告代理店です。

社員数は１２０名ほどいます。B社には会長の親族、身内社員はいません。今の社長は身内、親族ではありません。これからも社員の中から経営者並びに経営幹部が選ばれていくものと考えられます。

B社の会長は将来を見据え、現経営幹部並びに将来の経営幹部となる若いリーダーたちの育成に力を入れたいと考えているようでした。さらに社員1人ひとりのレベルの底上げを図ることで業績の向上の基礎としたいと考えていました。

Ｂ社に対しては私と私の会社のパートナーコンサルタントＯ氏と２人で取り組むことにしました。Ｏ氏はこれまで大手企業を初め数百社でのコンサル実績を持つ優秀なコンサルタントです。主に企業の現場サイトでの業務改善、業務改革に取り組んできました。

私はこれまで親子経営コンサルタントとして同族企業の中で特に親子が経営にかかわっている企業の経営者と後継者のための経営コンサルタントをしてきました。私とＯ氏が組むことで後継者並びに将来後継者を支えることになる将来の経営幹部たちによる「働き方改革」プログラムを開発することができました。

Ｂ社の場合、前述したように親族の後継者がいませんので将来の経営幹部となる若手リーダーたちを対象としてプロジェクトチームを組むことにしました。月１回のプロジェクトチームによる働き方改革ワークショップと月１回の会長を含む現役員への報告会を実施することにしました。

プロジェクトチーム結成

まずプロジェクトチーム８名のメンバーが選出されました。メンバーは部長、主任レベルから出されました。Ｂ社には課長、係長の役職はありません。経営管理部（経理、総務、財務）、営業第１部から営業第４部、制作部からなっています。

プロジェクトチームのワークショップを始めるまでに事前に８名から合同でヒアリングを実施しました。部長、主任というこいわゆるミドル層が何を問題だとしどんな意識をもっているのか検証してみました。

結果、彼らミドル層には組織内や現状のビジネスモデルの改善等に問題意識があることが判明しました。具体的には次のようなことに問題意識を持っていました。

・「嫌なら辞めろ」といったスタイルでは若手・中堅人材の育成、確保が難しい
・「できるまでやれ」だけでなく成功できる道筋を示していくことが重要
・経営環境変化の中「現状の延長線上だけでの取り組み」では時代に取り残される
・日々の仕事に忙殺され対策の検討ができない
・本来のミドル層としての活動ができていない

ミドル層の活躍が企業の生命線

以上のような問題意識をプロジェクトチームメンバーが持っていることがわかりました。それに対し私たちはプロジェクトチームを次のような組織とすることを提案しました。

プロジェクトチームは第一線で働く現場社員の声を吸い上げ経営陣に提言し、経営者が発信しているメッセージをわかりやすく一般社員に伝える役割を担い、若手・中堅社員を育成、戦力化、定着化することに努める組織とするということでした。

そしてプロジェクトチームによる働き方改革ワークショップの目的を次の３点としました。

①課題を共有し、対策を自分たちが主体となって取り組む場をつくる。

②管理職、次世代経営幹部候補生が主体的に問題発見、経営への提案、問題解決のサイクルを主体的に回していける組織マネジメントの仕組みをつくり上げる。

③実際に取り組みで問題解決した成功体験を持ち、ミドルアップして組織、人材問題やビジネスモデルの改善等の提案ができる風土をつくる。

働き方改革ワークショップ

そしていよいよ月1回のプロジェクトチームによる働き方改革ワークショップが始まりました。まずは問題抽出のためのワークショップを行いました。各メンバーがランダムに出した問題をテーマ別に分けることから始まりました。

社風、業務、教育、就業面、残業、将来ビジョン、離職、個人的意見等に別けてみました。そのうえで解決すべき問題点が何か明確にする作業をしました。その結果、次のような問題点が挙げられました。

・業務分担
・教育制度
・キャリアッププラン
・各部署長のマネジメント

業務分担については、各部署で業務を洗い出し検証し見直すことにしました。教育制度、キャリ

アップ　ププランについては、特に営業のキャリアアップ制度を明示するするとともに、業績を上げる教育と業績達成による育成の仕組みをつくりあげることとしました。

各部署長のマネジメントは、それぞれがプレイングマネジャーであることでマネジメントの役割比率が各人によりまちまちであることが問題としました。今後のワークショップで特に部署長のマネジメントをテーマとすることにしました。

離職率が高いという問題

B社は社員の平均年齢が非常に若いのが特徴です。強みであると同時に弱みでもあります。よって経営幹部も比較的若い世代が多くいます。現経営幹部とともに将来を担う次世代経営幹部の質の向上がB社にとって最も重要なことになります。

B社は法律系士業を得意とする専門広告代理店です。営業にはベースとなる商品群がありますが、オリジナルな提案力が特に必要となります。事前のヒアリングにおいてB社の離職率が比較的高いというのが1つの問題として浮かび上がってきました。

その理由にはいろいろなことが指摘されます。例えば、営業に対する数字のノルマが厳しいとか、将来が見えない、体育会的風土、新規顧客獲得のためテレアポを取るなどが挙げられます。

実際、部長、主任になっても新規顧客獲得のためにはテレアポから入るのが基本となっています。テレアポが取れる確率が高いほど契約数が高いのも現実です。新人など若い社員がこのテレアポで苦戦をして嫌になって辞めるケースも結構あるようです。

問題の真因を探る

しかし離職率が高い原因を何が何がと追究すると今言ったようなことが挙げられるわけですが、なぜ、なぜと追究してみるとまた答えが違ってきます。なぜ若い社員が会社を辞めていくのかと問うてみるわけです。

そうすると仕事が面白くない、会社が面白くないなどと答えが返ってきます。ではなぜ仕事が面白くない、会社が面白くないと問うと、答えは仲間ができない、上司が助けてくれないなどと返ってくることになります。

私たちが見るところ、結局なぜなぜと問うていくと上司であるプロジェクトチームのメンバー自身も面白くないのでないか、上司である部長たちのマネジメントに問題があるのではと思われました。

ミドル層のマネジメント力を上げる

そのことがあり、これからしばらくプロジェクトチーム対象の働き方改革ワークショップは部署長のマネジメントの検証と見直しをすることにしました。とどのつまりプロジェクトチームのメンバー自身が仕事を楽しくやれているのか、会社を面白いとと思っているのかがポイントだと思われました。

若い社員が自分たちの上司を見て彼らが面白そうに仕事をしているか、情熱を持って仕事に臨んでいるかどうかが大きなポイントになります。彼らを見て自分も役職者になって活躍したいと思えるかどうかが重要なところです。

そういう意味で、これから部署長のマネジメントをテーマにワークショップをすることにしました。プロジェクトチームのメンバー自身が自らのマネジメントを含め業務の洗い出しをすることから始めました。

先々月には各部署長に各部署の業務を洗い出してもらいました。その後それぞれの部下社員に対してどのようなマネジメントをしているか、それぞれに明記してもらいました。まず、部長、上司がすべき部下育成と組織の推進の課題抽出を表にまとめてもらいました。

それぞれの部下ごとに部下の特徴、人材育成上の問題点、上司がすべきことを表にまとめてもらいました。次に、部長、上司マネジメント改善・アクションラーニング・デザインとして表にまとめてもらいました。そこでは部下ごとに部長、上司のマネジメント項目、従来のあなたとの違い、期待する効果、必要な期間を記入してもらいました。

次世代経営幹部たちの覚醒

先月にはそれら各自まとめた表をもとにプロジェクトチームのメンバー全員と各自40分の個別面

談を実施しました。目的は先々月に各自が記入した表に基づいてどのような動きをしたかヒアリングすることにありました。

前述したようにB社の部長は自身も営業の第一線で活躍しているプレイングマネジャーです。会社は彼らに管理職としてのスキルも要求しています。管理職、営業職の自身の比率は各自さまざまです。

中には今回初めて部下1人ひとりのことを意識したという部長がいました。部下のことは主任に任せていたとか各自好きにやらせていたという部長もいました。会社側が部長に何を求めているかというメッセージが明らかでなかったことにも問題があったかもしれません。

当初は役職がトップセールスマンに与えられる称号のようなものであった時代があったのかもしれません。しかしいつしか業績が上がるに従い社員数が増え自然と部下の数が多くなりました。

そしてようやく部長にマネジメントが求められることになってきたわけです。B社の部署長マネジメントのレベルが上がったなら業績が向上することは明らかです。そして部下の営業成績が上がり部下たちが明るく元気になります。

そうなると部下たちが自分たちもいつか部長になりたい、あるいはさらに上を目指したいと思えるような雰囲気ができるだろうと思います。そうなれば自然と離職率が下がることになるでしょう。

縁あって折角我が社に入社した若者を得難い人材と考え将来の我が社を支える有能な人材とするためのあらゆる手立てを考え尽くすことも彼ら管理職の役割です。

ミドル層のミドルアップ、ミドルダウン

上記の月1回のプロジェクトチームのワークショップの後、月1回の会長と役員との報告会を開いています。プロジェクトチームのメンバーも2、3名入りますが、主に会長、社長への報告を目的としています。

会長とは当初からプロジェクトチームのメンバーである将来の経営幹部たちのあり様がB社の未来を決めると話をしていました。彼らが変わることで社員が大きく変わり会社が変わります。

多くの会社が中間管理職を腐らせてしまっています。このたびの「働き方改革」がとくに中間管理職に負担をかけることを強いる結果になっている会社が多くあります。中間管理職が上手く機能する会社はそれほど多くないのも現実です。

しかし中間管理職は、ミドル層であり実は次世代を担うことになる将来の経営幹部です。その彼らを機能させることなく腐らせてしまうということは企業が自らの将来を腐らせていることに他なりません。

ミドル層の役割はミドルアップ、ミドルダウンです。現場社員の声を吸い上げ経営陣に提言し、経営陣の想いを現場社員に伝えるのが彼らの役割です。ミドル層をどれだけ活躍させることができるかが企業の未来を左右します。

B社の「働き方改革」はまずミドル層の働き方改革からスタートしています。必ずや近い将来彼らミドル層がB社を支える日がやってくると確信しています。そして彼らが活躍する日を心から楽

しみに願っています。

3　C社の場合　ハピネスプロジェクト

出会い

C社の社長とは本当に長いお付き合いになります。互いに青年会議所メンバーであったことで知り合うことになりました。出会ったとき私が35歳でしたからもう28年のお付き合いになります。私は30歳から社長をしていましたので、ちょうど脂がのったときといいますか、若気の至りで傍若無人といった体であったと思います。

青年会議所時代は互いに地元青年会議所理事長を務め、（公益社団法人）日本青年会議所近畿地区兵庫ブロック協議会会長を彼が務めた翌年に私が務めたりしました。当時、神戸で世界会議が開催されることがあり互いにその準備と遂行に一生懸命でした。

そのせいかいつもよく一緒に行動していました。多いときは月の半分彼と共にいたような気がします。世界会議のＰＲと招請を目的に遠くアフリカのマダガスカルまで2人で出かけたこともありました。

私の青年会議所時代最後の３年間はそんなことがあり彼といつも一緒にいたような気がします。互いの妻と過ごす時間より2人でいる時間がきっと長いなと言って笑ったことを思い出します。

情熱を傾けた青年会議所

彼と私の性格はまるで正反対だと当時思っていました。彼はいつも穏やかで丁寧で慎重に人と対応します。それに対し私は感情的で大ざっぱで深く考えもせずすぐに行動するといった感じでした。私たちは互いに人の上に立つ者としてそれぞれ敬意を抱いていました。互いのリーダーとしてのあり方がまるで違うことを返って面白く感じていました。まるで違う２人だからこそ一緒に１つのことを上手く為すことができると固く信じていました。

前述したように、当時彼の地元神戸で青年会議所の世界会議が開催されることになっていました。彼が地元青年会議所の理事長でした。そして私が県の協議会の会長という立場でした。

彼の役割は地元青年会議所理事長として世界会議運営にすべての責任を負うことでした。私の役割は兵庫県下の他の青年会議所メンバーに対し、世界会議運営への物心両面で支援をお願いすることでした。

２人で兵庫県下27つの青年会議所を2年間で一廻りしました。神戸での世界会議への協力と支援をお願いしての旅でした。おかげさまでたくさんの方々のご支援があり世界会議は無事成功裏に終えることができました。

世界会議の最後のレセプションが終わったとき２人で固く握手を交わし抱き合いました。言葉に言い表せない想いで胸が熱くなりました。その後それぞれの支援者へのお礼で忙殺されていました。

私と彼にとって、かけがえのない輝いた瞬間です。

そして阪神淡路大震災

その翌年、阪神淡路大震災が起こりました。私はたまたまアメリカに出張中でした。フロリダのホテルで何気なくテレビをつけるとなんと阪神高速道路の橋脚が倒れ見知った街並みから炎と煙が出ているのが見えました。

慌てふためいた私はまず家族の安否を確かめた後、会社に電話しました。家族と会社はなんとかみんな無事だということで安堵しました。急いでチケットを取り帰国することにしました。

震災翌日になんとか関西空港に降りることができました。当時関西空港から淡路島に高速艇がまだ就航していましたので無事家に帰りつくことができました。帰ってみると神戸が大変なことになっていることがわかりました。

神戸には友人が多くいましたのですぐに連絡を取り始めました。幸い私の友人たちはなんとか無事な様子でした。ただ水と食料が不安だということでしたので、淡路の後輩と2人カブに乗りフェリーで神戸に渡ることにしました。

カブの荷台に乗せられるだけの水と食料を持ちなんとか本土に渡りました。フェリーで甲子園に上がり一路神戸に向けカブを走らせました。神戸に向かう国道47号線はいたるところでアスファルトが隆起しておりまともに走ることができません。

阪神高速道路の橋脚が軒並み倒れ迂回しながらゆっくりと走っていきました。道路の側の建物は多くが損壊、倒壊し、いたるところからまだ煙がたくさん出ていました。まるで戦争で攻撃されたかのような惨状でした。

祭の跡

誰よりもまず会いたかったのは彼でした。当時彼の自宅は六甲アイランドにありました。六甲アイランドは埋め立て地でしたので液状化現象が起きていました。彼と連絡が取れ六甲アイランドに向かう高架橋を渡りました。

無事な彼の姿を見たときは嬉しくて泣けてきました。六甲アイランドは見るも無残な状態になっていました。ほんの数か月前神戸で私たちの世界会議が行われていました。まさに祭りの後のわびしさ寂しさを感じさせられました。

1年前に世界会議という大きなイベントを終えたことでしばらく喪失感にさいなまれていましたが、そんな甘えた気持ちが一気に取り払われてしまいました。あれほどの大きな災害を前にするとそれまでの価値観が意味をなさなく思われました。上手く表現できませんが、ひとりの人間として素に戻る気がしました。

私の挫折

私たちは青年会議所を卒業してからも時たま2人でよく食事をし、飲みに出かけていました。前述しましたが、その後十数年が経ち私が53歳の春にそれまで経営していた会社を倒産させてしまいました。

倒産後しばらくは誰とも連絡は取っていませんでした。東京に出るまでの半年間、私と妻は尼崎にある親戚の家で厄介になっていました。会社の法的整理が進み始めた頃ようやく一息が付き彼に連絡を取りました。

私から連絡があるのを彼は待ってくれていました。私の無事を心から喜んでくれました。それから何度となく私と妻を神戸に誘ってくれ食事をしました。住むところがないのではと心配をしてくれました。

倒産後、多くの友人、親戚に助けられた私は半年後妻と2人東京で暮らすことにしました。私は人生をやり直すなら東京で始めようと思っていました。経営者であったことしかない私は自分でまた何かをすることしか考えていませんでした。

親子経営コンサルタント

そんな私がしたことはまず会社を設立することからでした。何をするかは後でゆっくり考えよう、そう思っていました。それまでの自分の経験でできることを考えてやろうと思っていました。

その後ありがたいことに親戚、友人が彼らの会社の顧問をしばらくしてはと声をかけてくれました。またこちらからも厚かましくお願いもしました。そうしている間に出会ったある人から大石さんは親子経営コンサルタントをしたらと言われました。

それまでの私の経験から父親である経営者と息子である後継者双方の気持ちがよくわかるのではと言われました。世の中の企業は親子で経営されているところが多く、また親子だから難しいところがあり問題を抱えている企業が多くあると言われました。

そのときから私は親子経営という言葉をキーワードとして経営コンサルタントをしようと考えました。父と子、親と子、親子関係、兄弟関係などを切り口として企業を見てみるということが経営コンサルとして私のテーマとなりました。

後継者が東京で暮らし始める

そんなことを考え始めた私のところに彼の息子を預けようかという話になりました。彼の息子が関西の大学を卒業して東京にある主要取引先飲料メーカー本社に勤めることになりました。

5年間はメーカーに勤めさせるつもりなので、その間息子の面倒をみて欲しいということでした。私は喜んで引き受けさせてもらいました。私が運営しようとしていた後継者対象の大石経営塾第1号が彼の息子になりました。

彼の息子は3年間父親が経営する会社の主要取引先でいわゆる丁稚奉公を立派に勤め上げました。その間、私のところで月に1回私と2人で「論語」をビジネスで読み解くというセッションを受けていました。

当初、父親とは5年間メーカーに勤めると約束していました。私のところに通うことになってから、私と色んな話をする中で、彼は大学院でビジネスを学びたいという希望を持つようになりました。

結果、私のすすめもあり父親を説得することができ、大学院でビジネスを学ぶことになりました。彼の息子は慶応ビジネススクールで2年間学びました。2年間本当に真面目に勉学に励んでいました。そして、昨年の春に父親の経営する会社に無事戻っていきました。

C社の働き方改革が始まる

例によって前置きが非常に長くなりました。彼と私の長年の交友がどのようなものであったかをお知りいただいたうえで、本題であるC社の「働き方改革」への取り組みについてお話させていただきます。

C社は有名飲料メーカーの地域販売店です。全国にある地域販売店のなかで有力販売店の1つです。社員数は200名近くおり、契約個人事業者は500名を数えます。規模的には中小企業でなく中堅企業に相当します。

C社は女性社員が多く、契約個人事業者にいたってはほとんどが女性という特異な環境にあります。そのせいか社内には活気があり華やかさがあふれています。男性社員が多い会社とは少し違ったところが散見されます。

現社長の時代になってから特に契約個人事業者との関係性が非常に上手く維持されています。彼女たちの手を通してＣ社の製品が各家庭に運ばれています。実にＣ社の７割の売上を彼女たち個人事業者が担っています。

女性契約個人事業者の活躍

それだけに彼女たち１人ひとりのパフォーマンスが重要となってきます。彼女たちの人柄、スキルが直接Ｃ社製品の売上を左右することになります。Ｃ社の命運を彼女たちが握っていると言っても過言ではありません。

現社長がこれまで最も気を配り、手を尽くしてきたのは彼女たち契約個人事業者がいかに気持ちよく明るく元気に各家庭を回ることができるかということに尽きると言えます。そのためのできる限りの支援、応援をしてきました。

彼女たちの営業支援のため研修はもちろんのことレクリエーション活動、旅行、パーティーにいたるまで社長の肝いりとして充実しています。また多くの賞を用意して彼女たちの努力に報い感謝の場を提供しています。

なによりも特筆すべきは彼女たち契約個人事業者の中で優秀な営業成績を挙げ人物的にもしっかりとした人に対し本人も希望すれば正社員へと転身することができるようになっていることです。

また、彼女たちの多くが家庭を持つ主婦です。Ｃ社では彼女たちのために保育所を５か所設けています。彼女たちが子供を心配せず仕事に注力できるようなにかと気が配られています。

素晴らしい社是

さて、C社についてもう1つ是非話しておきたいことがあります。それはC社の社是です。

「最大の会社を目指さず、最良の会社を目指そう」

この社是は先代の社長が考えられたそうです。メーカーとの契約でテリトリー制であるため全国展開は望めないけれど、製品の販売を通じ地域社会の健康作りに貢献し、契約個人事業者と社員の幸せを追求する会社にしようという強い想いだといいます。

私が今回C社の「働き方改革」のお手伝いをすることになり、頻繁に本社に出入りするようになって改めて感心した1つがこの社是でした。テリトリー制を度外視してみても、この社是の言わんとすることは企業経営の真理であろうと思いました。

どのような企業もいたずらに規模の拡大に走ることなく顧客、社員にとって最良の会社を目指すべきだということは正しい判断だと思います。特に私はかつて規模を追って失敗していますから、この社是がまさに核心をついていると思っています。

そういう意味でもこの社是は素晴らしいと確信しています。なおかつ今のC社の経営は先代が示された社是に則った通りであることが凄いことだと感じています。それは取りも直さず社是の伝える想いが社員、契約事業者全員によく浸透している証でもあります。

先代社長から現社長へとても上手く経営交代がなされたと思われます。現社長がこの社是を大切にしていることからもそう窺われます。

後継者が活躍できるしくみをつくる

昨年春にC社社長の長男が後継者となるべく東京から帰り入社しました。大学を卒業して5年が経っていました。後継者が入社して半年が過ぎた頃、東京で私は久しぶりにC社社長と会っていました。

私と私のパートナーコンサルタントO氏２人で共同開発した「次世代経営者（後継者）並びに次世代経営幹部による働き方改革実践プログラム」をC社社長に紹介しておりました。

C社にちょうど後継者が帰ったのでいい機会なので、是非このプログラムを実践させて欲しいとお願いしました。後継者を中心として将来の経営幹部となる若手社員たちとで働き方改革という名の下で業務改革をやって欲しいのだとお話ししました。

後継者の育成、将来の経営幹部育成、そして業務改革の実践と一石三鳥となるという私の話をC社社長は熱心に聞いてくれました。そして私の提案プログラムの採用を快諾していただきました。

働き方改革プロジェクト委員会がスタート

実はC社ではすでに2年前から「働き方改革」に取り組んでいました。労務改善委員会を立ち上げ主に時短に取り組んでいました。若手幹部であるNさんが委員長をしていました。私の提案で労務改善委員会をいったん解散し、「働き方改革」プロジェクト委員会に継承発展してもらうことにしました。

また、プロジェクト委員会をハピネスプロジェクト委員会と名づけることに決定しました。委員会を月1回の開催とすることも決定しました。委員長は労務改善委員会の委員長をしていたNさんが引き続き行い後継者が補佐をすることになりました。

そしてC社の働き方改革プロジェクトがスタートすることになりました。スタートに当たりC社恒例行事の社員総会「社員冬の集い」で社長の言葉で働き方改革に取り組むという宣言をしてもらいました。

社長が話したことで働き方改革に対する社員の意識が一気に変化しました。会社が本気で働き方改革に取り組むのだと社員が気づいたようでした。これでC社のプロジェクトが上手く滑り出すという確信を得ることになりました。

ハピネスプロジェクトと命名

委員会活動が半年を超えた先日、C社にてプロジェクト委員長Nさんにインタビューをしました。

「Nさん、C社では2年前から労務改善委員会が設けられていたとのことですが、どのような経緯でどのような活動をされていたのでしょう」

「政府の打ち出しがあり世の中に働き方改革という言葉が浸透し始めていました。そんな中で弊社もそろそろ取り組みを始めなければと言われだしました。弊社では特に営業職などが長時間労働になっていましたので、時短に取り組もうということでした。当時私は社員の親睦会会長をしていたこともあり、私に労務改善委員会の会長をしろということになりました。委員会ではまず業務終了時間を早くすることから始めました」

「昨年末から私たちがＣ社の働き方改革のお手伝いをすることになりました。それまでの労務改善委員会をハピネスプロジェクト委員会に改編してもらったわけですが、どのような違いが生じましたか」

「労務改善委員会ではまず時短に取り組むことにしていました。営業職を中心に毎日遅くまで多くの社員が残っていました。そこでまず業務終了時間を設定することから始めました。ただ私自身も含め今より少しでも変わればいいという気持ちでしたので、なかなか思うような結果が出ませんでした。昨年末にハピネスプロジェクトとして会社が本気で働き方改革に取り組もうとしていることが社員に伝わったことでムードが変化していきました。プロジェクト委員会で明確な目標が定められたことにより目標に向かって進めばいいという雰囲気が出てきたことで大きく前進しました。

残業時間の削減だけでなく併せて年間休日を設定することにしました。以前は弊社では週休２日などとてもできないという思いがありましたが、やろうとすればできると思えてきました」

ミドル層の意識改革が成否を決める

「ここまでの活動でいろいろと問題や難しいと思うことがあっただろうと思います。特にどのようなところでしょうか」

「若い社員とヒアリングをしましたが、彼らの多くが同じことを言っていました。それは上司が帰ろうとしないのに自分たちだけが帰ることに抵抗があるということでした。いわゆるミドル層の意識がまだまだ私たちと同じでないのだということがわかりました。彼らはプロジェクトの委員会メンバーがやってくれるという気持ちでいるようでした。プロジェクト委員会メンバーの選出にあたってそのあたりを考慮しましたが、十分でなかったようです。そこで動きの鈍い部署からは複数のメンバーに参加してもらうことにしました。また全社員には社内発信ツールを使って活動報告が伝わるようにしました」

「ハピネスプロジェクト委員会が活動を始めて半年が過ぎましたが、何かここまでで成果と思われることがありましたか」

「はい、年間休日が確実に増えました。労務改善委員会で取り組んでいたときは年間90日前後であったのを100日まですることができていました。それが本年は110日まで増やすことができました。不可能と思っていた週休2日がほぼ達成できるようになりました。また業務終了時間も以前は9時を過ぎても多くの社員が残っていましたが、今は7時終了ということがほぼできてきたかと思います。多くの社員がこれらのことで自分の時間が増えたことを喜んでいます。家族と過ごす時間が増え生活にゆとりと余裕がでてきたという社員がいました。これまでできなかった趣味に興じる時間ができたという社員もいました。私自身それまでと違い早く帰宅できることで息子と触れ合う時間が取れるようになったことが嬉しいです」

時短と共に業務改革を進める

「さて、休日の増加、時短が進んだわけですが、それに伴う業務の見直し改革が必要だと思いますが、そのあたりについてはいかがでしょう」

「まずは記録、書類を減らしたことでしょうか。弊社の風土といいますか、いろんなところで社員に確認のため誤りの抑止のため書類を書かせることがありました。それらは重複作業といえなくもありませんでした。思い切って減らすことにしました。

また、会社に無理を言って作業時間の削減のため事務機器の整備をしていただいたり、配送ルートを見直し効率化のため人員の増員をお願いしたりしました」

「私たちがお手伝いさせていただくようになってすぐに会議を見直したことがありましたが、その後いかがでしょう」

「あれは役員とリーダーとの月1回の会議でしたが名前が違っていましたが、同じメンバーが月1回集まる会議がありました。内容がほぼ同じだということで1つをなくしてもらいました。

各部署でのミーティングについても見直しました。同じメンバーが集まるミーティングがいくつかありましたので無くすのではなくまとめる工夫をしました。また、1つ新しくミーティングを始めるといつのまにかどんどん増えたということがあり、この機会にすべて見直すことにしました。

各部署でこういう動きをしていたら社員が以前は上司が言うだけ、上司が指示するだけであったのが今回は少し違うと感じたらしく、社員から色々とアイデアが出てくるようになりました」

今後の課題

「ハピネスプロジェクトはまだ始まって半年ですが、今後の課題はずばり何でしょう」

「おかげさまでここまで休日の増加、時短については思っていた以上の成果がでました。ただここからは大石先生がいつも言われていますように業績を右上がりしながら改革に取り組むことだと思っています。まさにここからが本番という気持ちです。ここから次のステップにいくためにさらに強いパワーが必要だと痛感しています。まさに抜本的改革をするためには聖域と思われている部分まで変えるという強い信念が必要だと感じています」

後継者が見る目

後日、C社の後継者に話を聞きました。

「ここまでのハピネスプロジェクトどう見ていますか」

「うーん、そうですね。各部署での改善されている量はとても多いのですが、1つひとつよく見てみると、質が思うほどよくなっていると思えないのです。いうなら小改善はできているけど根本的な改善になっていないということでしょうか。何か表面的な改善になっているような気がしています。上辺だけ取り繕っているだけで空回りしているよう気がしています。できればさらに改善が徹底され文化にまでなって欲しいと思います」

「なるほど。これから是非あなたに各部署のミーティングに顔を出して欲しいと思います。それぞれのプロジェクト委員がどのように社員に話し、社員がどのような反応を見せているのか是非ご自分の目で確かめてください。実際あなたが言われるように上辺だけで空回りをしているのであれば、なおさらあなたが現場に出られて確認する必要あります。さらに契約個人事業者のリーダーとのミーティングにも是非顔を出してみてください。彼女たちは各家庭を回り現場の最前線に立っています。彼女たちの声を聴いてみてください。彼女たちにはいろんな思いと考えがあると思います、是非それをあなたが聴き取ってください。そしてそれをハピネスプロジェクト委員会に反映させてください」

「わかりました。早速出てみます」

これまでの取り組み

C社の「働き方改革」への取り組みはまだ始まったばかりといえますが、これまで行ってきた業務改善、改革は次のようなものです。

・すべての会議、ミーティングの見直し
・書類の電子化ならびに重複作業の見直し
・社内コミュニケーションツールの導入
・配送ルートの見直し
・各種研修セミナー内容の見直し

・各部署営業戦略の見直し
・勤怠管理システムの導入
・経理事務の電子化、簡素化

「働き方改革」本来の目的

現在、月1回のプロジェクト委員会が開催されていますが、各部署での業務改善、改革が進むにつれ役員会で審議、決定すべきことが出てきています。そこで次月より都度役員会にプロジェクト委員長が出席し報告、提案することになりました。

まだまだC社の「働き方改革」は始まったばかりです。時短については概ね目標を達成しています。年間休日も他の中小企業では実現できないくらいの水準になっています。肝心なところはここからです。

C社で働き方改革のお手伝いをし始めてからずっと私が言っていることがあります。それは時短だけでは会社が弱くなる、ややともすれば壊れてしまうということです。必ず業務改革をやって欲しいということでした。

C社においてもこれからが本番です。業績の推移を見ながら働き方改革に取り組むことが重要です。業務改革を進めると無駄がなくなり効率化が図られます。その余力で付加価値が高い業務へシフトすることが求められます。

付加価値が高い業務へシフト

Ｃ社のビジネスは一般顧客向けと顧客企業向け２つの事業で成り立っています。現在の売上比率は一般顧客が7割、顧客企業が３割となります。全国的には一般顧客への売上が年々減少していきます。

Ｃ社の「働き方改革」が今後進むことで業務の見直しがなされ一般顧客向け営業と顧客企業向け営業も見直しが進むことになります。そしてより付加価値の高い営業策が模索されることになります。

先日の日経新聞に昨年度の国家の税収が過去最高を記録したと出ていました。一方で個人の給与所得がどんどん減少しているという現実があります。大企業が好調であった反面、個人所得が減少しているわけです。

そのうえ10月から消費税が10％に増税されます。消費税の増税は家計を預かる主婦の消費マインドをさらに冷やすことになります。Ｃ社にとってこの度の消費税増税はＣ社全商品をまさに直撃する恐れがあります。

要するに一般家庭の家計が収縮していることになります。Ｃ社の製品はほとんどが一般家庭の家計から支出されています。今後一般家庭向けの売上が減少することがどうしても予想されます。

こうした業界環境の中、Ｃ社の営業戦略が今後検討されていくわけです。今回の「働き方改革」がもたらす業務改革によって、どのような営業戦略が構築されるのかが今後の課題となります。

後継者の成長とともに

C社の後継者は私の経営塾生第1号です。大学卒業後メーカー本社で3年間いわゆる丁稚奉公を経験しました。その間、月に1回私の家で中国古典『大学』『論語』をビジネスで読み解くというセッションを行っていました。

私の家に来るたびに仕事が面白くない、つまらないとぼやいていたものです。月に一度私の家で愚痴をいうことでバランスを取っていたようでした。その後2年間、慶応ビジネススクールで経営学を学び父親が経営する会社へと帰りました。

彼が父親の会社に入社して1年半が過ぎようとしています。入社当初の緊張感などから解放されたのか、今は余裕を持って仕事できていると思われます。彼がC社のハピネスプロジェクト委員会のサブリーダーとして動き始めてもうすぐ1年になります。

当初に比べ、今では彼の言動に落ち着きと自信が感じられるようになりました。サブリーダーとして各部署のミーティングに積極的に参加する姿が多くみられました。一部署の責任者であった頃に比べ、今では全社の実態が確実につかめているようです。

彼のことを子供の頃から知っている私にとって、今の彼が仕事をしている姿を見るだけで嬉しく思えてしまいます。いつの日か彼が父親に代わり経営者としてC社を引っ張ることになります。彼の経営の下でC社がどのような会社に成長発展していくか非常に気になるところです。少なくともこの度の業務改革が実りとなっていることを期待します。

終章

さあ、後継者の出番です！

1 「働き方改革」アレルギー

国の政策に企業が振り回される

政府が次から次へと出す政策が企業を混乱させ苦悩させています。中でも「働き方改革」が今最も企業を悩ませています。私の顧問先企業でも「働き方改革」に積極的に取り組む企業とまったく無関心な企業とに分かれます。

特に中小企業経営者に「働き方改革」の話をしようとすると、途端に不快な表情を浮かべ聞くまでもないという態度をされる方が多くいます。自分の会社では「働き方改革」などとんでもないとそれこそ取り付く島がない経営者が多くいます。

そういう経営者たちの言わんとするところは共通しています。中小企業はただでさえ人手不足なのに残業時間を短くなどしたら会社が成り立たない、これ以上休日を増やしたら生産に支障をきたす、などと必ず言われます。

私はそういう経営者を批判することができません。現実に人手不足で悩まされ休日の多さに苦しんでいる企業をたくさん知っているからです。

特に中小企業経営の実態を知れば知るほど、政府の出す政策が彼らの首を真綿で絞めにかかっているかのようにも感じられてしまいます。

政府がいう「働き方改革」が目指すもの

そもそも政府がいう「働き方改革」とは何か、何を目的としているのかということを明確にしておきたいと思います。一言で言うなら労働条件の改善になります。長時間労働の是正、有給休暇の消化義務、多様な働き方の推進、同一労働同一賃金化などを実現させることを目的としています。

次は厚生労働省ホームページに掲載されているものです。

「働き方改革」の目指すもの

我が国は、「少子高齢化に伴う生産年齢人口の減少」「育児や介護との両立など、働く方のニーズの多様化」などの状況に直面しています。

こうした中、投資やイノベーションによる生産性向上とともに、就業機会の拡大や意欲・能力を存分に発揮できる環境を作ることが重要な課題になっています。

「働き方改革」は、この課題の解決のため、働く方の置かれた個々の事情に応じ、多様な働き方を選択できる社会を実現し、働く方1人ひとりがよりよい将来の展望を持てるようにすることを目指しています。

「働き方改革」に不信感

上記の文章を何度読み返しても、何が課題なのか明確ではありません。そのうえ課題解決の方法が提示されることがありません。ようするにお役所言葉によくあるように文章は丁寧ですが、何が書かれているかよくわからないということです。

本来の目的は労働条件の改善なのですが後から万人に向け受け入れらえるような文章にしようとするのでこのような意味不明な文章ができるのだと思われます。多くの経営者がその欺瞞に気づいています。

政府がいう「一億総活躍」、「女性活躍推進」という言葉にも素直に受け取れない胡散臭さを感じてしまうのは私だけではないでしょう。生産年齢人口が減っているので高齢者、女性にもっと仕事をしてもらおうというだけの話です。

それをまた同じようにお役所言葉とお役所仕事でたくさん装飾を施し、なにやら一大政策のように打ち出しているだけだとしか思われません。なぜ日本の生産年齢人口が減っているのかという真因を追究することなく弥縫策ばかり並べているに過ぎません。

多くの経営者が「働き方改革」にも同じような胡散臭さを敏感に感じ取っているのだと思います。本来の政策の目的を明らかにせず、耳障りのいい言葉をたくさん並べオブラートで包まれたものを出されているような感じがしているのだと思います。

ますます増える「働き方改革」アレルギー

またこれから「副業・兼業」が推進されようとしています。これにはさすがの経団連もいい顔をしていないと言われています。多くの経営者が不信感を抱いていることだろうと思います。

自分の会社の社員が副業を持っているとしたらどうでしょう。自分の会社の社員が兼業だとしたらどうでしょう。経営者がそのような働き方をしている社員をどのように評価するのでしょう。

それだけでなく、社員の長時間労働を是正することと副業・兼業を進めることに矛盾がないのでしょうか。残業時間を削減してその後に副業で働くことがどうして「働き方改革」の目的にかなうのでしょう。

これではますます経営者の「働き方改革」アレルギーが増える一方です。誰のための何を目的とした「働き方改革」なのかまったく理解できなくなっています。政府が予算を使って推進のため審議会、協議会等頻繁に行っています。

そこでは御用経済学者や経済評論家の方などが出席され政府の政策の弥縫策を審議。協議しています。世に溢れる「働き方改革」本の多くが彼らによって書かれています。どの本を読んでも「働き方改革」が企業の生産性を高めることになり素晴らしいことだと言っています。

「働き方改革」は政府が進める労働政策であること、企業は法制化されたことは遵守されなければならないということ、これがまず事実であり現実です。そこでどのように企業が対応していくべきなのかが最も大事なことになるわけです。

お役所言葉でお茶を濁されることに中小企業経営者はもう辟易としています。中小企業がやらねばならないこと守らねばならないことを直言で明らかにすべきでしょう。

2 「働き方改革」で会社が壊れる

社員が権利を主張し始める

世の中で今声高に「働き方改革」が叫ばれているから我が社もとりあえず取り組んでみようといった安易な始め方には注意が必要です。第1章で述べたように「お客が放っておかれる」「中間管理職が悲鳴を上げる」「社員教育に割く時間がない」「残業したくてもできないムードになる」「企業風土が荒れる」などの問題がいろいろと噴出してきます。

中でも「働き方改革」として時短や有給休暇の取得推進などに取り組んでいると、社員の中で自然と働く者の「権利意識」が芽生えてきます。会社にここまでしてもらって当たり前、さらにもっとこうしてもらう権利があるといった意識になることがあります。

これが進めば下手をすれば労働争議を起こすことになりかねません。そこまでいかずとも時短と有給休暇取得推進だけで「働き方改革」が終わったと思う社員が結構いるものです。

そのことで今後会社がどう対応しなければならないかということについては、我関せずということになりかねません。

会社にとって重要なことはここからなのに、今1つ意識がないといった社員が結構多く出ます。時短、休日の増加によって生じる変化にどう対応していくかが会社にとって死活問題であるにもかかわらず、彼らにとって「働き方改革」はもう終わっているのです。

時短だけが進めば会社が壊れる

企業で「働き方改革」に取り組むとき、多くの企業が時短から始めます。本来は時短とともに私が言っています業務改革を並行して行う必要があります。しかし業務改革にどう取り組んでいいのかわからないという企業がほとんどではないでしょうか。

社員に時短を任せると企業によって、あるいは推進させる責任者によって時間差はありますが、概ね目標を達成します。自分たちの労働時間を少なくする話ですから概ね問題なく進んでいきます。

先ほども述べたように、彼らにとって「働き方改革」はここで終了しています。当初から併せて業務の改善、改革を行うと言っていたとしても、そちらはなかなか上手く進んでいきません。

彼らにとって業務改革はどうしてもやらされ感があり積極的にやれることではありません。そのことを端から予想をして、企業が業務改革をどう進めるかを事前に考えておく必要があります。

しかし、多くの企業が安易に「働き方改革」に取り組んだ結果、時短だけが上手く先行したけれど、それに伴う業務の効率化や業務の見直しができず、業務の遂行に支障が生じているといったことが起こります。

中には時短が進み部署の社員が全員定時で帰ることができているといって自慢げにいう部長がいました。よくよく調べてみると、それまで社員がしていた仕事の半分近くを外注にしていたなんて笑えない話があったりします。

3 「働き方改革」の本質を見極める

政府の目的は労務改善

政府がいう「働き方改革」は本来労働者の労務改善策です。ただそれだけを政策として打ち出すには経済界の反発を受けることになります。慎重に言葉を選んで慎重に言葉でカモフラージュしているだけに過ぎません。

政府がいう「働き方改革」の目的をもう一度確認します。社員の長時間労働、過重労働をなくすため時間外労働の削減、有給休暇の取得の推進などの施策を企業に促し、社員1人ひとりの働く意欲を高め社員ひとりひとりの能力を向上させることを目的としています。

上記の文章からわかるように長時間労働の是正として残業時間を削減する、有給休暇を取得させることが謳われています。そしてそれが社員の働く意欲を高めることになり、社員1人ひとりの能力を高めることに繋がると言っているわけです。

しかしながら時短によりさらなる人員確保が必要となったり、設備投資が必要となったり、営業日を減らさざるを得なくなったりすることにはいっさい触れられていません。「働き方改革」は企業にとっても素晴らしいことでしかないと言っているようです。

私の目的は業務改革

もう一度言いますと「働き方改革」の本来の目的は長時間労働の是正です。それに伴う影響は企業が自助努力で吸収しなさいということになります。社員の働く意欲がそれによって高まることになり、社員1人ひとりの能力が高まるよう企業が考えてやりなさい、と言っているわけです。

また、それにより人員が必要となるのであれば企業努力で増員しなさい、設備の必要があるなら投資しなさい、営業日を減らしたくなければ増員するか営業日を減らして売上減に耐えなさいと言っているとも言えます。

すこし意地悪な表現になりましたが、長時間労働の是正による企業への影響は企業自身が努力して乗り切ってもらいたい、と政府がいっていることになります。要するに時短に伴う業務改革を企業が独自に行うであろうことを期待しているわけです。

そうであるなら「働き方改革」の本質は労務改革ではなく業務改革にあると捉えてみましょう。そう喝破した方が「働き方改革」で会社を壊すことがなさそうに思われます。私が「働き方改革」は業務改革だという所以がここにあります。

どうせ取り組まねばならない「働き方改革」ならその本質を労務改革でなく業務改革と捉えて本気で取り組んでみましょう。貴方の企業がもし今、売上が低迷を続けているいわゆる停滞期であるならなおのこと、これをいい機会として業務改革に取り組みましょう。どのように優れたビジネスモデルでも経年劣化は避けられないのですから。

4 「働き方改革」をイノベーションに繋ぐ

儲かる業務にシフトする

これまでよく業務改革をやりたいのだけれどどうすればいいのかわからないと言われることがありました。業務改革が自社に必要だと思っている経営者がたくさんいるのですが、さてどうやってやればいいのかわからないと言われました。

第3章にて自分たちで「働き方改革」をどのように進めればいいのかその手順をご紹介しました。これは時短と並行して行う業務改革の手順でもあります。是非参考にして実践していただければ嬉しく思います。

さて第3章でも言いましたが、業務改革を進めたくさんの無駄が省かれ業務の効率化が進み業務の再構築まで至ったその先には何があるのでしょう。言い換えるなら「働き方改革」という名の下で業務改革を進めた先にあるものは何かということです。

それはより高い付加価値のある業務にシフトすることにあります。前述したように、具体的にはより収益が上がる業務にシフトすることです。顧客が心から喜ぶ業務にシフトすることです。もうひとつは社員が本当にやりがいのあると思える業務にシフトすることです。以上が業務改革の行きつくところだと明確にしておくことが業務改革を成功させる1つのポイントです。

経済環境はまだまだ厳しい

我が国ではバブルが弾けてから長い間いわゆるデフレ状況が続いています。緩やかなインフレ状況が最も景気がよいと誰もが実感できる環境であることは間違いありません。しかしながら我が国では一度経験したバブル状況を再現することを極端に嫌うところがあるように感じます。

そのせいか政府が打ち出す経済政策にはデフレ状況を本気で脱しようという意図がまるで感じられません。少し景気が上向くかと思われるたびに国益を考えない財務省の官僚たちにより増税という冷や水を差されています。

「世界の統計２０１７」のデータによると１９９５年から２０１５年までの世界各国の経済成長率、言い換えれば名目ＧＤＰの成長率のランキングで日本が最下位という信じられない結果が出ています。世界平均が＋１３９％のところ日本だけが唯一マイナス成長（－20％）になっています。

要するにバブル崩壊後２０１５年までずっとデフレであったと裏付けられています。この間特に地方経済が大きく影響を受けたくさんの企業が倒産しました。急激にすべての市場が収縮したわけです。

業務改革からイノベーションへ

その状況がいまだに続いています。第２次安倍政権になって先ほどの名目ＧＤＰは世界経済が好調であったことで輸出が伸び、たしかに成長しました、しかしその一方で国民の実質賃金がこの６

年間で8％下がっているというデータがあります。

これは多くの家計が収縮していることを物語っています。先日、この7月の参議院選が決まると同時に10月の消費税増税がほぼ確定しました。バブル崩壊から長期にわたるデフレから脱却できていないにもかかわらず名目GDPが伸びていることを根拠に増税されるわけです。10月以降の不況が本当に心配されます。この様な環境下にあって企業は「働き方改革」に取り組まねばなりません。時短だけが先行するような取り組みは必ず会社を壊してしまいます。

よって私がいう「働き方改革」という名目の下、業務改革に積極的に取り組むことをお勧めいたします。多くの企業は国内経済が収縮していることからくる売上不振に陥っています。

このようなとき企業に必要なのは低迷から脱出する方法を見つけ出すことに尽きます。それにはまず現状を見極め見直すことから始めることです。そして業務改革を経て経営改革をし、その先に変革というイノベーションを起こす以外に近道はありません。

5　後継者がやるしかない

お家騒動の原因

大塚家具はじめ多くの企業で親子の確執によるいわゆるお家騒動が起こります。お家騒動に至る原因は様々ですが、1つには後継者が社長になった途端にそれまでの父親のビジネスモデルを全否定したところから始めるということがあります。

大塚家具のお家騒動の理由の1つに長女が社長になった途端に父親がしてきたことを否定するところから始めたということがありました。このような例には事欠かないくらい実は多いわけです。

しかし後継者が社長になって父親がしてきたことを見直すことは決していけないことではありません。至極まともな当たり前のことだとも言えます。ただお家騒動になる場合、ほとんどが父親に何も言わずに勝手に進めてしまうことが多いのです。

これが引退したつもりの父親を大いに刺激してしまうのです。長年経営者として会社のトップとしてやってきた父親にとって蔑ろにされ、無視されることほど屈辱を感じることはありません。

後継者が父親のそういう気持ちを汲み父親への思いやりをもって臨めばこんな問題が起こることなどありません。後継者の少しの気配りさえあれば父親があえて子息、息女である後継者と争うことなど決してないことです。

後継者が「働き方改革」を進める意味

どのような企業も売上が伸びはじめてから一定の時期が来ると売上が頭を打ち低迷することがあります。大塚家具の場合、ちょうどこのような低迷期に経営交代がありました。長女が早速に経営改革をし始めたのは実はなんら無理のない話です。

私が本書で後継者に「働き方改革」という名の下で業務改革の指揮を取らせてほしいと言ってい

るのには理由があります。後継者はいつか社長になったら嫌がうえでも経営改革に手を出さざるを得ません。

どうせ後継者が経営改革をするのなら父親が社長の間に、父親の下で後継者として経営改革をしてはどうかというのが私の話です。そうすれば上手くいけば後継者が社長になったときより思い切った前向きな動きがとれるのではと思うからです。

また後継者が「働き方改革」プロジェクトのリーダーとしてその役割と責任を上手く果たすことができれば社員の後継者への信頼ができ、後継者自身の自信につながることになります。

イノベーションは後継者の手で

そうすることができれば後継者が社長になったとき大塚家具のような原因で親子がトラブルを起こすことなどなくなります。父親が社長のときに後継者が父親のビジネスモデルの改革をしてしまっているからにほかなりません。

また、企業のメインビジネスや事業はその多くは経営者自身が考え創り上げてきたものに違いありません。企業が低迷期を迎えるということはそれまでのメインビジネスが不調になるということです。

そのメインビジネスのビジネスモデルを変革し新たにビジネスモデルを創り上げることができるのは経営者にしかできないことです。いくら優秀な社員が多くいると言っても彼らにそれができるとは限りません。

もし父親である今の社長にそれができないとしたらできるのは後継者しかいません。またそれが後継者の大切な役割でもあります。企業の命運を支えるビジネスモデルは経営者しか創造しえないものです。

いずれ後継者が経営者となります。次代のビジネスモデルは後継者自身が創り上げるものと覚悟して臨んでください。誰も後継者に代わって儲かるビジネスモデルを考えてくれることなど決してありません。またぜひ後継者にはそう覚悟してほしいと思います。

後継者の使命

不思議なことに創業経営者には後継者の気持ちを推し量ることがどうもできないようです。そのこともあって父親である経営者と後継者の関係性が上手くいかないことがとても多いのです。

創業には創業の難しさがあり継承には継承の難しさがあります。そもそもまるで違う次元の話です。どちらがどうだという話ではありません。創業者には創業者の使命があり後継者には後継者の使命がある、それだけの話です。

後継者の使命とは次の時代に会社をどう活かすかに尽きます。次世代の経営者として次世代の経営幹部とともに次代を生き抜くことです。そのためにも今の業務改革を成し遂げ経営改革に繋げることが後継者の最も重要な課題となります。

あとがき

書店に並ぶ「働き方改革」関連本を見ると、政策側目線で書かれた本やあくまで労務改善として書かれた本がたくさん並んでいます。経営者目線で書かれた本がないことに危惧を抱いていました。そこで、いつものようにないなら自分で書くしかないと思い、企画したのが本書です。昨年から3社で「働き方改革」のお手伝いをコンサルとしてさせていただいています。まさに実践本として世に出すことにしました。

「働き方改革」を経営者がどのように捉えるかで企業での取り組みが大きく変わります。あくまで労務改善と捉えるか、企業の変革の機会と捉えるかでその結果がまったく違ったものになります。ただどちらの場合も、実際に取り組み始めると併せて業務改革に取り組まなければ時短策が思うように進まないことに気づきます。あくまで労務改善として安易に時短に取り組み始めてみたものの、現場では途端に日常業務に支障が生じることになります。

どのようにして支障が生じた業務を見直し再構築することができるのかを考えなければ、これ以上時短策を進めることが不可能になります。そこで初めて、「働き方改革」をただの労務改善として取り組むと大変なことになると気づくことになります。

本書は「働き方改革」は時短を含めた業務改革と捉え、企業が自社で自ら取り組む際の手順を公開しています。この手順をベースとして、それぞれの企業で独自のプログラムを考え取り組んでいただければ嬉しく思います。

本書はこれまでの拙著「親子経営」のシリーズ本でもあります。1冊目の「親子経営ダメでしょモメてちゃ」は親子で経営することは非常に難しいところがたくさんあるけれど実は親子経営ほど強い企業体はないのだということを書きました。2冊目の「親子経営中国古典『大学』から学ぶ32の成功法則」は経営者、後継者ともに人の上に立つ者として己を律することが大切だということを書いています。

本書の執筆にあたり多くの方のご協力を得ました。現場での実践例として快く取材に応じていただきました阿部恭大氏、稲田豊大氏、小野寺博之氏、中嶋英男氏に心からお礼申し上げます。また本書の制作にあたり企画からご助言ご提案頂きました(一般社団法人)知的システム工学研究所代表理事大西徹氏に心より感謝とお礼を申し上げます。最後に前著と同じように出版コーディネーター小山睦男氏にお世話になりました。誠にありがとうございました。

2019年8月

ビジネス・イノベーション・サービス株式会社　取締役社長　大石吉成

著者略歴

大石　吉成（おおいし　よししげ）

1956年　兵庫県淡路島生まれ。同志社大学法学部卒業。
現在、ビジネス・イノベーション・サービス（株）取締役社長。
大学卒業と同時に家業である建設資材商社に入社。30歳で代表取締役となり、順調に事業拡大する。沖縄から北海道まで支店、営業所網を敷く。M＆Aや新規事業設立によりグループ売上115億円を超すも、2010年、負債総額45億円にてグループ各社法的整理。2011年、友人、知人の支援によりビジネス・イノベーション・サービス（株）設立。

事業経営者時代、日本全国はもとより世界30数か国をビジネスで飛び回り、グローバルな視野で企業活動を捉えるビジネスセンスは当時から評価された。常に「トップ営業」を信条として事業拡大に努め、引き継いだ家業を10倍にすべく邁進するも目標到達間近に白血病を患いメイン金融機関の引き締めにあい敢え無く倒産。人生の大きな挫折を経験し回復することの困難さを自ら知る。

現在、数社の社外顧問をしながら親子経営コンサルタントとして活躍中。経営者、後継者に自らの体験と数多くのコンサルティング現場から導き出した、親から子へ失敗しない経営継承の極意を伝授する。また、後継者に業務改革の指揮を取らせイノベーションを起こさせるプログラムを開発し実践させている。

一方、オーナー企業の後継者や若手経営者のための「大石経営塾」を主宰。中国古典経書四書「大学」「論語」「孟子」「中庸」をビジネスで読み解きながら、後継者が社長になるため必要なことを伝授している。後継者と若手経営者のための「寺子屋」であり現代版「帝王学」実践の場としている。

◇著書に『親子経営　中国古典「大学」から学ぶ32の成功法則』（セルバ出版）
『親子経営　ダメでしょモメてちゃ』（セルバ出版）
『親から子へ　失敗しない事業継承　5×7つのポイント』（ギャラクシーブックス）。
ビジネス・イノベーション・サービス株式会社
http://www.innovate-s.com

親子経営　その「働き方改革」では会社を壊します
残業削減、有給休暇取得だけでは会社は弱くなる

2019年9月5日　初版発行

著　者　大石　吉成　© Yoshishige Ooishi
発行人　森　　忠順
発行所　株式会社 セルバ出版
〒113-0034
東京都文京区湯島1丁目12番6号 高関ビル5B
☎03（5812）1178　FAX 03（5812）1188
http://www.seluba.co.jp/
発　売　株式会社 創英社／三省堂書店
〒101-0051
東京都千代田区神田神保町1丁目1番地
☎03（3291）2295　FAX 03（3292）7687

印刷・製本　モリモト印刷株式会社

Printed in JAPAN
ISBN978-4-86367-515-5